世界標準の仕事のルール

海外に飛び出す前に
知っておきたかったこと

小林慎和

ディスカヴァー
携書
199

はじめに

私は、現在海外でいくつかの会社と、東京でひとつの会社を経営しています。２０１７年に42歳となり、三児の父でもあります。生まれも育ちも大阪。東京に10年ほど住み、海外生活は通算で6年。

これまで生活してきた海外の街は、ニューヨーク、シンガポール、そしてクアラルンプール（マレーシア）の3都市。２０１１年から２０１６年8月までシンガポールとクアラルンプールに住んでいました。メインの職場はシンガポールでした。毎週のようにクアラルンプールとシンガポールを往復していました。

会社を経営、つまり起業したわけですが、最初の場所は日本ではありません。初めての起業を、日本ではなく、いきなり海外でしました。場所はシンガポール。でも、どうしてもシンガポールで起業したい、という思いからシンガポールを選んだわけではありません。

当時、勤めていたベンチャー企業からの赴任という形でシンガポールに住んでおり、そのままその地を最初の起業の場所に選んだのです。２０１２年末のことでした。当時37歳で二児の父でした。そうとう無茶な起業です。

なぜ海外か？

私のライフワークは、「海外に打って出ること」。

どのように海外展開したら良いのか？　どのようにしたら世界のどこでもやっていける人材になることができるのか？　これからの答えのない世界をどう生き抜いていけばいいのだろうか？　「海外に打って出ること」をライフワークに掲げている自分が、海外で起業したことがない、海外で事業展開をしたことがない、世界でサバイバルするために、現地で生き抜いたことがない。それでは話にならないと考えたからです。

東京に戻って起業するという選択肢もありました。いや、むしろ東京に戻ってから起業したほうが、はるかに成功確率は高く、経営効率も良かったと思います。

しかし、「海外に打って出ること」をライフワークに掲げている人間が、海外に住んでいて、いざ起業するとなった段階で、東京に戻る。それでは出戻り起業家です。そうすると、これから海外に出ようとする人に、私はこう言わねばなりません。

「さあ、海外に行こう」と。

いや、それでは説得力が弱い。そうではなく、私はこう言いたかった。

「おまえら、さっさと来いよ」

海外で起業し、日本の企業や、日本の若者のグローバル化を後押しする事業を展開するからこそ、「来いよ」と言える。その思いから、海外での起業を選んだのです。

多くの日本人が思うこと――この先、日本はどうなるのか？　グローバルで生き抜くにはどうしたら良いか？　激変する世界経済、中国とインドの台頭、これから20年、30年先の未来を考えたとき、自分の子どもたちはやっていけるのか？　そのためにはこれからどんな教育が必要なのだろうか？

私は、今の日本人なら誰もが抱く、こんな不安を感じながら生きているビジネスマンであり、父でもあります。

これらの不安をかき消すべく、私は社会人としての15年間、（まさに）世界中を飛びまわってきました。これまで居を構えた海外の街は3つですが、ビジネスを展開するべく訪れた国は40カ国を超え、都市数では100都市を優に超えています。海外出張の回数は200回を超え、乗った飛行機の搭乗距離は100万マイルを超えました。これまで海外で出会ったビジネスマン、起業家は1000人を超えるでしょう。

出張自慢をしようというのではありません。生まれも育ちも大阪だった私は26歳まで、地元で暮らしていました。実家の窓から見える竹林は京都の田舎の森。大阪と京都の県境の枚方市というごく普通の地方都市で暮らし、公立小学校、公立中学校、府立高校と進み、海外とはまったく無縁の生活を送っていました。

そんな私が、世界中でビジネス展開のために100万マイルを飛んで行き来する中で、さまざまなものを見てきました。この変化が激しく、行く先が不透明な世界をどうやってくぐり抜けてきたのか。日本の地方都市で育った、いわゆる平均的な日本人が、どうやって生き抜いてきたか。順調なことなど一度もありません。いつも七転八倒しています。

起業して6年が経ちました。これまでに自身で3つ会社を作り、他に5社の創業にかかわってきました（その間、立ち消えになった挑戦は数えきれないほどあります）。海外でゼロから会社を立ち上げる、ということにこだわってビジネスを推進し、現在のところ、海外現地にスタッフを抱え、2万人ほどに育った会員向けにECサービスを展開し、事業買収も一度経験しています。

倒産しかけたこともあれば、一緒に戦ってきた仲間の卒業、別れもありました。議論が紛糾して衝突することもしばしばです。6年の間に現地スタッフを解雇したことも一度や二度ではありません。まったく気分が良いことではありません。

海外に行ったらどうなるのか。現場を誰よりも見てきたという自負が私にはあります。**海外に飛び出す前に、このことは知っておきたかった。**そんなことをまとめるため、今回筆を執りました。

これから世界でどう戦っていけば良いかという不安を持つビジネスマンの方。

これから世界のビジネスの荒波に飛び込もうとする大学生、高校生、中学生。

先行きが見えない数十年後の世界で、我が子は大丈夫なのだろうかという不安を抱える親御さん。

そんな方々をイメージしながら、この本を書きました。

本書には、暗中模索しながら、海外で悪戦苦闘を繰り返す中で私が知りえたことをまとめています。本書を書いたことで、海外で渡り歩くための、少しの勇気を読者のみなさんにご提供できれば著者冥利に尽きます。

小林慎和

世界標準の仕事のルール　――海外に飛び出す前に知っておきたかったこと

第2章 やっぱり気になる英語、活きた英語をどう身につけるか 51

第3章 世界標準のワークスタイル 89

第4章　世界標準の交渉の流儀　181

第5章 サラリーマンを辞めて起業する前に知っておくべきこと

本書は2016年5月に小社より刊行された
『海外に飛び出す前に知っておきたかったこと』を改題、
新書判にリサイズし、大幅に再編集したものです。

第1章
海外に出たらどういう相手と戦うことになるのか

敵を知り己を知れば百戦危うからず。

海外に出たらどういう相手と戦うことになるのか。最初の一歩として、これを知ることは重要だと思います。海外で働くにあたり、採用においてライバルとなる人たちはどういう価値観とスキルを持ち合わせているのか。海外に行かなくとも、これから日本にやって来る海外からの人材はどれほど手強いか。また、中長期的に考えた場合、今の若い世代や子どもたちが、将来戦うことになる相手はどのように育った人間になるのか。

第1章では、日本にいようが、海外にいようが、否応なく戦うことになる相手について、まとめています。これから戦うことになる「敵」の姿をこの章でつかんでください。

世界標準の仕事のルール 1

海外に出たら、新卒のときから給与交渉をしている人間と戦うことになる

「新卒給与20万円は当然」ではない

「大学新卒の給与は20万円」

これはいったい誰が決めたのでしょう？　私の時代もそうでした。最近の新卒採用の募集要項を見ても、いまだに20万円前後の数字が目立ちます。この20年以上、まったく変化していません。

海外だと、企業の採用ページにはどのくらいの金額が書いてあるか知っていますか？　実は金額は書いてありません。非公表ということではありません。新卒採用のページ自体がないのです。また、大学を出たばかりの人を20万円で雇うということを保証している企業など存在しません。逆に優秀なら年収1000万円でも2000万円でも出します。

現在、新卒の給与を採用ページに掲載している企業は、即刻その情報を削除したほうがいいのではないでしょうか？　大学を卒業しさえすれば、内定をもらいさえすれば、何もしなくても給与は20万円と決まる。大卒はまるで20万円保証というライセンスのようです。

大学ランキング[※1]で東京大学よりも上位だったNUS（シンガポール国立大学）の学生の話をしましょう。私がシンガポールで経営している会社はまだまだスタートアップ。社員数10人に満たない状況です。そんな会社にも、NUS卒の学生は応募してきます。学生は通常、8月に大学を卒業するのですが、9月、10月によく面接に来ます。

ここで多くの人は「え!?」と気づきます。そうです。卒業が8月で、9月や10月によく面接に来る——つまり、卒業してから就職活動を始めているのです。NUSの学生でも卒業後、半年以上職に就けないということはよくあります。

面接では何の話をするか。もちろん会社の話や業務内容などについても話し合いますが、メインは給与交渉です。大学を卒業したばかりの、22、23歳の若者との面接で、メインの話題は給与交渉なのです。

とある若者は、私が席に着くなり開口一番こう言いました。

「**給与はいくらですか？　3200シンガポールドル以上（30万円以上）なら検討する。**業務内容を聞くのはそのあとで」

私は、以前勤めていたベンチャー企業のシンガポール法人時代も含めて、この4年間で数百人は面接してきたと思います。国籍はシンガポールに限らず、インドネシア人、マレーシア人、フィリピン人、バングラデシュ人、インド人、ドイツ人、フランス人、アメリカ人、オランダ人、韓国人。20カ国以上の人を採用面接で見てきました。今はもう慣れましたが、初めて新卒の学生から給与交渉を切り出されたときは、正直驚きました。

私は彼ら彼女らに切り返します。「給与は能力を判断しないと決められない。うちの会社はECサイトを運営している。たとえば、javascriptやphpの経験、モバイル関連の業務経験、営業経験、多国籍企業とのアライアンス交渉などもある。そうした交渉経験。カスタマーサポートなどの応対。そういう経験に応じて給与を決める」

でもこうした若者たちは、ぬけぬけと言います。「私はそのすべての経験があるし、そのすべてを勉強もした。そういうマルチロール（役割が複数）なのであれば、3800ドル以上なら考える」

※1　英誌『タイムズ・ハイアー・エデュケーション』（2015）

しかし、彼らが言う「経験」とは、過去に2社ほどで、延べ3カ月インターンで働いた程度。営業経験や交渉経験など皆無です。カスタマーサポートなど顧客と相対する電話応対ができるかどうかも疑問です。

彼ら彼女らを責めているのではありません。**大学を卒業したところから、サバイバルが始まっているのです。**

では、ホームページの募集要項に大卒20万円と公開されている日本の場合、面接で話されるのは何でしょうか？　美辞麗句を並べた、たいして意味のない志望動機と、大学時代のアルバイト経験、そして自称テニス部（他の部活でもいいですが）部長。部内のメンバーがバラバラだったのをまとめあげたという青春ストーリー。そんな話です。日本の学生もシンガポールの新卒たちが持っている図太さを見習ってほしいと、私は思います。

とはいえ、日本の場合、給与交渉を持ちかける若者は、不躾《ぶしつけ》だと判断され、落とされるでしょう。なぜなら、面接官自身が給与交渉をしたことがないからです。

しかし、海外に出たら自分の価値を主張することは至極当たり前。それで角が立つということはありません。

グローバルでは、終身雇用という概念はほとんどありません。そうした環境下で、自分はどのスキルをプラスし、給与アップを勝ち取るか――そんなことを日常的に考えて生き抜いてきている人間と、みなさんはこれから戦っていくことになるのです。

インドの大学では、新卒初任給で年俸2000万円!?

一方で、インドの大学では、新卒初任給が年俸1500~2000万円になることがあります。事実です。新卒で給与交渉もあれば、新卒で破格の条件もありえるのです。

もちろん、これは全員ではありません。ですが、そうした学生は多数います。今やグーグルもマイクロソフトも、そして日本のソフトバンクも、トップはインド人です。グーグルは、優秀な人材を探しにインドまで来ます。こうしたグローバル企業は、世界中の若者の中から優秀な人材を発掘し、高額のオファーを出して口説いています。国は関係ありません。個人の能力を見るのです。

日本との違いは？　企業も個人も、能力の価値を算定しているか否かということです。

先ほどあげた金額は、インド工科大学（ＩＩＴ）を卒業した学生へ提示する初年度の年俸です。インドの場合、ごく普通の大卒の若者が手に入れられる年俸はせいぜい50万円程度です。**つまり平均の40倍のオファーということになります**。これを仮に日本の価値で換算するなら、年収３００万円の40倍、つまり1億２０００万円ということになります。

自分の能力はいくらなのか？　世界ではいくらで売れるのか？　何を伸ばせば金額が上がるのか？　何が足りないから金額が上がらないのか？　どこでなら、自分の能力に対する価値が最大化されるのか？

日本では個人も企業も、個々の能力評価をないがしろにしています。だから学生は気になるのです。社風はどうなのか、入社前と入社後で予想と違うことは何か、入社後「与えられる」業務は何か。日本人の質問はみな、自分の外側や環境についてばかりです。

最近一部の日本の企業も、新卒の若者に１０００万円を超えるオファーを出すようになってきました。主にスマホ向けアプリ開発者業界が多いように思います。これらの業界では、必要スキルの見定め、その価値算定、入社後にどういう貢献をし、どのような利益を生む可能性があるかまで予測できるため、こうした能力評価が可能になっているのです。

自分の能力の価値評価が難しいということは、高い価値がある能力を有していないということの裏返しでもあります。

自分は年俸いくらの人材か。何ができるからその価値があると言い切れるのか。今一度考え直す必要があるのではないでしょうか。

海外の企業へ応募して、自らの市場価値を知る

世界での自分の価値を計る方法もあります。試しに、自分が働いてみたい国の、どの企業でもいいので、CV（いわゆる履歴書）を出して応募してみたらいいのです。面接も最近ではスカイプでやります。面と向かっての面接は最終面接だけというところも少なくありません。その国に渡航しなくとも、面接の機会を得ることは可能です。

そこで言い放ってみてはどうでしょうか。「年収〇ドル以上なら、検討してもいい」と。

世界での現在のあなたの価値を計る目安になるでしょう。

世界標準の仕事のルール 2

「幼少期より多様性の中で育った人間が、30年後、あなたと戦う相手となる」

世界の富裕層は、幼少期からビジネスネットワークを持っている

新卒時から給与交渉をしてきているというだけでも、かなりタフな競争相手だと思うのですが、これから20年後、30年後社会に出てくる若者は今どんな育ち方をしているのでしょうか。将来の敵を知ることも重要です。

ここでは、多様な学習環境があるということで注目を集めつつある、インターナショナルスクールの状況について見ていきたいと思います。

まず、年間の学費はどの程度だと思いますか？

アジア諸国のインターナショナルスクールの相場は、なんと年間200万円程度。慶應義塾大学の学費の2倍の値段です。もっといえば、高い学校だと学費が300万円を超えるところもあります（もっと高い学校もたくさんあります）。

具体的に見ていくと、小学1年生の一般的な学費で100〜200万円ですが、学年を追うごとに上昇し、高校3年生のときには200〜300万円を優に超える状況となります。そのうえに、毎年数％から10％の値上げが待っています。

「なぜ、値上がりするのか?」。この理由を聞くのは日本人だけのようです。海外での交渉事では主張しない日本人が、学費の値上げになると最も文句を言う人種になるのです。

この20年、デフレが常識の国、日本。そこで暮らす日本人は、サービスの質の向上や提供メニューの増加など、値上げにはそれ相応の理由があると考えます。誰も、インフレという、単純な物価上昇という結論には思い至らないようです。

インフレ以外に特に理由もありません。値上げ予告もありません。次学期の学費請求書がPDFファイルで送られてきてはじめて10%の値上げが発覚します。


この相場はシンガポールなど物価の高い国の話ではありません。実はマレーシアにも、インドネシアにも、年間の学費が300万円を超えるインターナショナルスクールは普通に存在します。もちろん、各途上国には年間50万円ほどの学校もあります。

ちなみに、富裕層の子息がよく通うボーディングスクール(小1から全寮制の小中一貫学校など。スイスなど欧州によくある)では、年間の学費は800万円を超えます。

「そんなの高くて払えない!」と思われるかもしれませんが(私も払えません)、ご安心ください。こうした学校に子どもを入学させるには、預金など金融資産が3000万ドル

（35億円程度）ないと、許可が下りない場合がほとんどです。**われわれ庶民にはもとから関係のない話なのです。**

ただ、実はこの選別は非常に大きな問題（利点）を内包しています。

どういうことかというと、こうした学校に通う子どもたちは、卒業後、世界中の大学に入学、世界各国で働きはじめます。そして30歳になる頃には、その親友たちが世界各国の資産家として、またはキーマンとして活躍しているのです。**お金持ち同士の強固な人間関係は、小学校時代までさかのぼって形成されているというわけです。**

だからといって、あきらめる必要はありません。学費が高い学校に行った若者全員がことごとく一流のビジネスマンとなるわけではありません。

ただ、資産に加えて、幼少期からそんなネットワークを持って育つ人間がいるということを事前に知っておくことは、これからの世界を生き抜いていくうえで大きなヒントになると思います。

小学1年生から30カ国という多様性の中で過ごす

世界各国のインターナショナルスクールの中でも、特徴的なシンガポールの状況について見ていきましょう。**同国のインターナショナルスクールの特徴は3つあります。**

ひとつめは、**極めて多国籍であること。**30カ国の子どもが通っているという状況がざらにあります。2つめは、**新しいということ。**シンガポールに移住・転勤してくる外国人は年々増加し、この10年で2倍以上に膨れ上がっています。そのため毎年のように最新設備を備えたインターナショナルスクールが開校しています。

最後は、当たり前のように**英語と中国語のバイリンガルになれること。**どの小学校も小学6年までに一般的な中国語をマスターするカリキュラムを組んでいます。もちろん先生はすべて中国人です。中国語の授業はすべてネイティブ中国語のみで行われます。

残念ながら、日本語を習う授業はひとつもありません。30年前のインターナショナルスクールでは、日本語を学ぶことにかなりの外国の親御さんたちが関心を持っていましたが、小学1年のときから30カ国という多様性の中で育つ今では、見る影もない状況です。

ここで特にシンガポールを取り上げるのには理由があります。2つめの理由にあげた「新しいこと」というのがそれです。

どういうことかというと、シンガポールのインターナショナルスクールは、新設校が多いがゆえに、世界最先端の設備や教育方法に沿ったやり方を率先して実行しているのです。良い意味で実験場となっているともいえます。この国のインターナショナルスクールで実践された新しい教育方法やカリキュラムで実際に効果があったものが、世界中のインターナショナルスクールで採用されていくというサイクルが生まれているのです。

ここでは2013年にできたアメリカ系インターナショナルスクール（Stamford American International School）を例に、将来戦う相手となる子どもたちがどのように学習していくのかを具体的に見てみたいと思います。

この学校の生徒の35％はアメリカ人です。続いて多いのがカナダ人、オーストラリア人で、そして4番目にくるのは、なんと韓国人。このように、生徒の国籍の数は50カ国を超えます。**まさに世界の縮図。**多様な環境で子どもたちは学ぶことになります。

日本との違いは、プールを見ても明らか。小学校のプールが、日本では月額3万円はしそうな高級スポーツクラブのそれに匹敵します。公立の小中学校、府立高校で育った私には信じられない環境です（日本でも私学ではこうした設備の学校もあるかもしれません）。

グラウンドは人工芝です（部分的に自然芝もあります）。個人的には東京ドーム以外でこんな綺麗なグラウンドを見たことがありません。100メートルを直線で取ることができ、トラックはオリンピックなどの競技場と同じ広さです。フルコートでサッカーもラグビーも可能となっています。

オシャレなカフェも設置されています。いわゆる学食ですが、このカフェが提供しているランチで使われているのはすべてオーガニック野菜。私が通いたいくらいです。

図書館に行くと、整然とiMacが並んでいます。IT教室もあり、こちらも1人1台あてがわれるように、iMacが設置されています。

この学校では、3歳のクラスからiPadを活用した授業が始まり、小学1年に上がった際には、1人1台のiPadを携帯することが義務づけられます（親が購入します）。なぜなら、学校のあらゆる活動などの連絡はiPadを通して共有されるからです。学校の連絡は、ざら紙のプリントではなく、iPadのアプリでやってきます。

Ｇｒａｄｅ７（つまり中学1年）に上がる際には、ＭａｃＢｏｏｋＰｒｏの購入が義務づけられます（もちろん、親が購入しなければなりません）。アプリ開発や動画編集をマスターするためです。教室には、プロジェクターと一体型のホワイトボードが全室に完備され、先生はｉＭａｃを活用し、ビジュアル、動画などを駆使した授業を展開しています。

こうしたＩＴ教育は、**Ｇｒａｄｅ８までにスマートフォン向けのアプリ開発をするスキルを身につけることをゴールに進められています。**プログラミングを教える教員も元ＩＴスタートアップで働いたことのある、最先端のＩＴを知り尽くした人が受け持っています。

スポーツやアートについても充実しています。サッカー、陸上、バスケットボール、野球、フェンシング、バドミントンなど、教えるコーチは元全米代表、元ＡＡＡのメジャーリーガー、オリンピック最終選考に残った陸上選手などが教員として働いています。10歳になるまでにスポーツで光る才能を持つ児童がいれば、その子専用の新たなスポーツカリキュラムがすぐに設計され、才能を伸ばすようにケアされます。

音楽では全員がピアノとバイオリンを練習します。バイオリンはスズキ・メソッドによる指導が徹底されています。ご存じない方は驚くかと思いますが、世界の最先端で最高のバイオリン学習方法は、なんと日本人バイオリニスト鈴木鎮一さんが考案されたものなのです。このメソッドは欧米、とりわけアメリカで高い評価を受けています。この学校ではそのメソッドを採用しているのです。

シンガポールのこうした学校のほとんどに「国際バカロレア（ＩＢ：International Baccalaureate）」に認定されており、それに認定されている学校であれば、世界中どこの国にも編入が容易となります。日本でもＩＢ認定の学校を増やそうという機運が高まっているのをご存じの方もいらっしゃるでしょう。

２０１２年末、この学校が新しくできたとき、私は説明会を聞きにいきました。学費が高く、とても払えないなと思いつつ、子どもたちが小学校に上がる頃にはこうした学校に入れることができればという思いもありました。

しかし、**説明会を聞いたあとの、私の正直な感想は「絶望」です。**

こんな環境で育った子どもたちが大人になる頃、すなわち約30年後の２０４５年は、どのような時代になっているのだろうか？

２０４５年には私は70歳になり、私の一番上の子どもは37歳となります。日本の人口は

1億人を下まわり、2人に1人の割合で高齢者を支える超高齢化社会となっています。私たちの子ども世代は、そこから30年以上生き抜いていく必要があります。

5、6歳などの幼少期から数十カ国の子どもたちとコミュニケーションをとり合い、多様性を学び、最先端のIT環境で勉強し、必要なプログラミングスキルを身につける。中国語も、漢字は書けないまでも、話すことと聞くことは完璧にできる。一流のアスリートからスポーツおよびスポーツ科学を学び、物理、科学、ファイナンスを勉強して育つ。

今5歳から15歳の日本人の子どもたちは将来、そんな彼らと戦わなければならないのです。

3歳からiPadを使うことの是非はあります。私も、早くからiPadを使うことが単純に良いことだとは必ずしも思っていません。

しかし、20億人がスマホを使う現在、プログラミングスキルが非常に重要なことについては、誰もが同意するでしょう。プログラミングの世界、ITの世界は目まぐるしく変化します。日本の学校のように、プログラミングを教えるために、先生が一から勉強しているのを子どもたちが待っている時間の余裕はないのです。その時その時の最先端をすぐに持ってくる必要があります。

リスクテイクする5歳児

最後に極めつきの写真をひとつ見ていただきたいと思います。幼稚園クラスの壁に飾ってあった子どもたちの絵です。可愛らしい絵が並んでいます。ここで見ていただきたいポイントは、「何についての絵を描いているか」ということです。

各絵の上部に付けられているタグには「Thinkers」「Caring」「Reflective」そして「Risk takers」とあります。

この絵は4、5歳の子どもたちが描いたものです。クラスの中で先生は子どもたちに投げかけます。「Thinkerについて絵を描いてください」「Risk takerについて絵を描いてください」。これらの言葉の意味するところを子どもたちに教え、それを連想する絵を描かせるのです。

描き終わると、子どもたちは自分の絵を胸元に掲げ、どうしてその絵を描いたのかというプレゼンをします。

写真の中の10個のキーワードは国際バカロレアの教育基本理念の言葉で、この10個の人間的な要素を育むことを目標として子どもたちへの指導がなされています。

写真の中の10個のキーワードは国際バカロレアの教育基本理念の言葉です。この10個の人間的な要素を育むことを目標として、子どもたちへの指導がなされています。

これが5歳の子どもたちの授業の風景です。

「なぜRisk takerというテーマでその絵を描いたのか？　なぜそれがリスクなのか？　なぜそれをtakeする（リスクをとる）必要があるのか？」

「なぜなのか？」「なぜそう思ったのか？」

5歳の子どもに徹底的に問いかけます。**子どもたちに自己主張を求めるのです。**

私は30歳から50歳くらいの日本のビジネスマン向けに、Risk takerを絵に描かせる研修をしたいと思ったくらいです。

実はこうした子どもたちへの問いかけは、毎学年同じようなことを繰り返します。5歳で描けるRisk takerの絵とプレゼンは、6歳でできるそれとは違います。そしてそれは、7歳、8歳と学年が上がるにつれて変化します。毎年同じ問いかけをし、思考を深めていくのです。

そんな彼ら彼女らが、私たちが世界で戦う相手となるのです。

みなさんが将来戦う相手は、5歳の頃より、自らとは何者か、自らの意見とは何かを徹底的に考えてきた人間です。

5歳の頃より多様性の中で育ち、コミュニケーションのギャップに悩み、どうにかクラスでやり抜いていく。そして、リスクとは何か？　自らの考えを徹底的に考えさせられ大きくなっていく。そんな若者がこれから世界中で社会に出てくるのです。

世界に飛び出す若者たちはこんな環境で育って、社会に出てくるのか——。

10年前に知りたかった。もっと早く知っていれば、世界に打って出るときに、もう少し対策ができたのではないか。そう思わずにはいられません。

世界標準の仕事のルール 3

英語が得意でない人が1億人いるという、この日本に生まれた幸運に私たちは守られている

英語を使わなくても年収1000万円に到達可能な稀有な国、日本

2009年のことです。私はケニアのナイロビにいました。そこには、アフリカで最大のスラム街のひとつ、キベラがあります。大きいといっても、広さは2キロ四方程度、しかしその小さな街に100万人程度の人が住みついているといわれています。

ほとんどの家は土壁、藁葺《わらぶき》のような屋根、広さは2、3メートル四方程度に4、5人が暮らしています。昼間はまだ大丈夫ですが、仮に夜、その街を歩こうものなら、たちまち物盗りにやられます。昼間でも日本人が1人で歩けば、スラム街の住人に取り囲まれてしまうような場所です。

BOPという年収3000ドル未満の貧困層の調査のために私はここを訪れていました。

BOPとはBase of the Economic Pyramid の頭文字で、経済的な貧困層のことを指します。定義としては年間収入が3000ドル未満の人々のことです。

3000ドルという貧困層相手だと、ビジネスにはならないのではないか。それが一般

的で直感的な答えだと思います。しかし、この層は地球上で40億人以上存在します。そしてこの層の人たちすべてが決して救済の対象ではなく、この人たちを目がけたビジネスもさまざまな可能性を秘めているのです。詳しくは拙書『ＢＯＰ　超巨大市場をどう攻略するか』(日本経済新聞出版社)をご参照ください。

私はその街でタクシードライバーを１日雇いました。そこでスラム街を案内しながら彼が言った言葉が、今も印象に残っています。

「俺は英語がしゃべれる。だから普通のドライバーとは違う。**英語をしゃべれば、給与は3倍になる**。そしてさらに稼いで、次は外資ホテルの接客担当や、旅行向けのエージェントや、海外とやり取りする仕事に就ける。年収はさらに倍になる。ドンドン稼ぐんだ」

同じ時期、ジンバブエのビジネスマンと議論したこともありました。彼は言いました。

「日本は世界第2位の経済大国だけど、みんな英語がしゃべれないんだって？　どうやってビジネスしてるんだい？」

アフリカなどの新興国の人たちは、英語を活用しない経済が存在することを知らないのです。自国語だけでは、極端な話、物々交換しかない。日給が5ドル程度の職にしかありつけない。それがごく普通の価値観なのです。

この日本に生まれた幸運に気づいているでしょうか？

英語がしゃべれなくとも、たいした能力がなくとも、大学を卒業したら初任給20万円程度が可能になる。長年勤めれば年収500万円が見えてくる。大企業であれば1000万円も可能でしょう。実は、日本という国は英語を使わなくても年収で1000万円（10万48ドル）が到達可能な、非常に稀有な国なのではないでしょうか。

企業が英語で業務発注できるようになると、どうなるか？

一方、日本語しかしゃべれない強みが日本にはあります。もし仮にすべての日本人が英語をしゃべれるようになったとしたらどうなるでしょうか？

実は、**低収入の仕事は、さらに低収入になる可能性があります。**なぜなら、雇用主の視点で考えると、同じ仕事を、英語を話すことができるアジアの人たちに頼めるようになるからです。

つまり、日本人の誰もが英語を話せるようになると、経営層やマネジャーも、英語しか話せない人材をマネジメントできるようになります。そうして「日本語は話せないが英語なら話せる」という人材を雇えるようになれば、日本人の単価の半分で働く人がアジアにはいくらでもいる、というわけです。


oDeskというウェブサイトをご存じでしょうか。クラウドソーシングサービスの先駆けといわれ、2005年に開始、現在Elanceと合併し、Upworkという名称になっています（クラウドソーシングサービスとは、仕事を頼みたい人とそれを受けたい人――主にフリーランス――のマッチングを提供するもので、日本にも似たサービスがいくつかある）。

たとえば、私はECサイトで活用する決済機能を新たに追加したいというプログラミング業務の発注をこのサイトに投稿したことがあります（もちろん英語で）。すると、いくらで、いつまでに可能か、世界中のエンジニアが応募してきます。**どのような依頼であれ、ひとたび投稿すれば、世界中から応募が瞬く間にやってきます。**

インド、バングラデシュ、チェコ、カナダ、パキスタン、アルゼンチン、南アフリカ。1日もすれば世界10カ国以上から手が挙がっています。彼らの提示条件も時給5ドルから25ドルなどさまざまです。中でもパキスタンやバングラデシュのエンジニアは、「時給5ドルで3日で終わる。俺に発注してくれ。こういう業務なら何度もやったことがある。信頼してくれ」と積極的です。ただし、日本からは誰も応募がありません。

私は仕方なく、日本の類似サイトにそれと同じ依頼を「日本語」で投稿しました。しかしながら、1週間経てども応募がありません。

10日経ってようやく応募が来たものの、「類似の経験がないので自信はないですが、2週間ほどいただければなんとかなる気がします」という、いわば消極的な応募です。時給も2500円を要求してきます。もちろん、この日本のサイトでは外国人からの応募はありません。当然ながら、日本語が読めないからでしょう。

英語を話す人材の時給は1ドルから数千ドルまでさまざまです。そして世界中の国にいます。対応できる業務内容ももちろん多岐にわたります。圧倒的に裾野が広いのです。

たとえば、今日本で50万円かけて発注している業務があったとします。**発注者が英語で**

の業務発注に慣れているのであれば、同じ内容を半分の時間、半分の費用で実現できると思います。さらなる圧縮も可能なはずです。

わたしたちのライバルは世界中に散らばっている

とはいえ、いつまでもその幸運に守られ続けるわけにはいかないようです。

ひと昔前、オフショア開発への転換が盛んに行われたことはご存じかと思います。中国の大連、ベトナム、インド、フィリピンなど世界中にオフショア開発を請け負う52企業があります。なぜ彼らに頼むのか？　安いからです。安いわりに品質が良いからです。

単純作業の工程が大量にあれば大規模な業務委託が可能になります。規模の経済を効かせ安価に大量に発注するわけです。今はこの業務委託の細分化、個人化が進んでいます。以前は、小さな業務委託を頼む相手を世界中から探すのは至難の業でした。それを探す時間コスト、コミュニケーションコストを考えた場合、自国の、いや自分の街にいる事業者へ発注するのが常でした。しかしさきに述べたように、今は1日あれば見つかります。

それにかかるコストは限りなくゼロに近い。業務内容の英文をサイトにポストし、眠りにつくだけです。翌朝には依頼できる事業者が見つかるのです。

oDeskのようなサービスの場合、ウェブサイト上のやり取り（通常チャットベースのコミュニケーション）のみで仕事の発注を決めます。つまり、そのくらいのコミュニケーションでも発注できるほど、やることが明確な仕事が基本となります。ただ業務内容を明確に規定できさえすれば、複雑な業務でさえ委託可能です。

あらゆる仕事は、それに対応可能な人の中でもっとも単価が安いほうに流れていきます。

英語でやり取りできるのであれば、世界中からもっとも単価が安く、品質が良いものをいともたやすく探し出せます。そこには、日本にある最低時給958円（平成29年10月公表の東京都の最低時給）というものが存在しません。

私たちのライバルは、いつの間にか、インドの田舎の村、アフリカのサバンナ高原が見える民家、チェコの古民家でルームシェアしている若者たちなど、世界中に散らばって存在しているのです。

第2章

やっぱり気になる英語、活きた英語をどう身につけるか

今からでも間に合います。トップクラスのビジネススクールに行くための英語、通訳などの職業に就くための英語ではありませんが、これから世界で戦うためのサバイバル英語なら、今からでも間に合います。私の実践を通じて得た方法論です。どうやったらサバイバルできる英語力（外国語力）が身につくか、第2章では、そんなテクニックをお届けします。

ただし、楽な近道はありません。本当にサバイバルできるスキルを身につけるためには、それ相応の時間と努力が必要です。安易なテクニックではありませんが、この章に書いていることを実践すれば、海外でサバイバルできるようになると確信しています。

世界標準の仕事のルール 4

英語（外国語）は、2000時間練習しなければうまくはならない

英語（外国語）をどうやって習得するのか？

日本では、私が中学生の頃から「英語、英語」と言われてきました。いや、もっと以前（１９５０年代）からそう言われてきたと思います。どの本屋に行っても、どうやったら英語をマスターできるかというコーナーが大きくあります。

「英語をどう身につけるか」というタイトルにしつつ、のっけから申し訳ありませんが、努力しかないです。近道はありません。英語がしゃべれないのは、はっきりしています。練習量が足りない。ただそれだけです。

もしあなたが日本語を話せるのなら、英語も話せるようになるはずです。

日本人が、特段英語が苦手なのではありません。ただ、やるべきことの練習量が圧倒的に足りないだけです。そして、日本人に多いのは、やってもあまり効果がないようなことを大量にしてきたということです。

そうです。受験勉強の英語です。

勘違いしている人が多いのですが、中高とあれだけ受験勉強で英語を頑張ったのに、全然しゃべれない。ビジネスで役立てられない、という話があります。当然です。受験英語は、話すことができるようになるための英語ではまったくありません。あれは、点数の高低にばらつきが出るように選別をするための問題です。英語をあやつって、どの国の人ともコミュニケーションができるようになるための問題は、ひとつもありません。

では、「やるべきこと」とは何でしょうか？ 何の練習量が足りないのでしょうか？

これまたたいへん申し訳ありませんが、至極当たり前のことです。

やるべきこと＝英語をしゃべることです。

言語の習得には近道はありません。圧倒的な物理的な時間が必要です。人によって多少の差はあるものの、数年単位の物理的な時間が絶対に必要です。

みなさんはどうやって日本語をマスターしたのでしょうか？

いつの間にか話せるようになった？ そんなことはありません。話すこと、聞くこと、読むこと、書くこと。言語にはこの4つがあります。まず、日本語を「話すこと」と「聞くこと」ができるまでに、どのくらいの時間が必要だったでしょうか？

さて、私たちは何時間、日本語を勉強したと思いますか？

平均的にいって、だいたい６歳くらいで、大人が聞いて日本語と呼べるレベルのものを子どもは話しはじめます。まだ語彙が足りない部分があり、時折表現がおかしなこともありますが、言語としては十分なレベルの域に達していると思います。

では、６歳までに子どもは何時間日本語を「話し」「聞いて」いるのか。考えたことがあるでしょうか？

子どもは生まれたときからずっと親に日本語で話しかけられます。ネイティブの日本語です（すみません、ここでは親御さんがネイティブ日本語を話すという前提で書いています）。

赤ちゃんや幼児が起きているのは１日のうち12時間程度。子どもはよく寝ます。つまり６歳になるまでに、12時間×３６５日×６年＝２万６２８０時間、ネイティブ日本語をヒアリングしていることになります。お母さんは土日も休まず、ずっとネイティブ日本語を聞かせてくれます。

話すほうはというと、１歳半から話しはじめたとしましょう。ということは、４年半、話す練習をしていることになります。計算してみると、12時間×３６５日×４・５年＝

1万9710時間、日本語のスピーキング練習をしていることになります。しかも、話すたびに、その場合はこう、その単語の発音はこう、とネイティブ日本語スピーカー（母親）から指導を受けます。

細かい数字になったので、丸めて議論をします。つまり、**2万時間ほど日本語のヒアリングとスピーキングを毎日毎日休まず練習し続けて、初めて6歳レベルの日本語を話す人間となったのです。**しかも、6歳児は漢字をほとんど読めませんし、書けません。

2万時間です。

2万時間で到達できるレベルがそのレベルです。

われわれ社会人は忙しいので、1日2時間しか練習できないとしたら、2万時間練習するには、27年以上かかります。ただ、子どもは言語とはなんぞや、という状況から学びはじめるため2万時間必要なわけで、大人の場合、言語体系を知ったうえで学びはじめるので、当然ながら2万時間は必要としないでしょう。

しかし、大人といえども、少なくとも数千時間は必要となるのではないでしょうか？

受験時代、難解な英語の問題を多く練習したかと思います。私は嫌いでほとんどやらなかったのですが、勉強家の方なら毎日2時間英語を勉強した人もいたのではないでしょうか？　それを365日毎日続け、高校3年間続けたとして、勉強量は2170時間です。

つまり、**高校3年間必死に受験英語を勉強したくらいの努力を3年間続けなければ、到底しゃべれるようにはならない**ということです。

英語がなかなかしゃべれるようにならない方に聞いてみたい。

「2000時間程度、ネイティブの人と英語で話したりしましたか？」

もし、この問いの答えがNOなら、何も悩む必要はありません。無理からぬことです。

理由は単純で、ただ練習量が足りないだけなのです。

英語を習得するには何か魔法のような方法があると勘違いしている人が多いようですが、それは誤りです。

われわれ日本人は、だいたい普通に日本語をしゃべれます。読めます。ひらがな46文字、カタカナ46文字、常用漢字が2000文字。音読みと訓読みがあり、2000文字の読み方の合計は6000種類以上ある複雑な日本語を私たちはマスターしています。そして、世の中のお父さん、お母さんはそれぞれ独自のやり方で子どもと接し、その結果として、難解な日本語をマスターしているのです。

「どうやったら我が子を日本語が話せるようにできるか？　その3つの方法」

そんなタイトルの本は1冊も売っていません。圧倒的な練習量によってのみ、言語はマスターされるのです。

言語に近道はありません。

圧倒的な練習量がただただ必要なだけです。それに尽きます。

世界標準の仕事のルール 5

ヒアリングの勉強は不要。スピーキングの練習に時間をかけよう

ヒアリングは、スピーキングを練習すれば身につく

しかし、それだけではあまりにも乱暴なので、私なりの方法をお伝えします。近道はありませんが、工夫のしようはあると思います。

ゴール設定ですが、TOEICやTOEFLで高得点をとることではありません。あくまで、**海外で、どの国の人とでもコミュニケーションがとれるような英語をマスターすること**。それをゴール設定としています。

ヒアリングとスピーキングと2つあるわけですが、それぞれどう練習するか。まず、ヒアリングは忘れてください。

ヒアリングの勉強は必要ありません。練習はスピーキングだけでいいです。

なぜなら理由は簡単です。スピーキングできることは、確実にヒアリングできます。スピーキングできる量を増やせば、練習の必要なく、ヒアリングできるようになっています。よって、常にスピーキングを練習し続けるだけで大丈夫なのです。

では、スピーキングをどうやって練習するか。一般的な方法としてテキストで学ぶやり方と、独自の方法の２種類をお伝えします。

スピーキング練習法１：ＮＨＫテキストを丸暗記するまで話し続ける

まずは一般的な方法ですが、ＮＨＫの「ラジオ英会話」が良いと思います。ＮＨＫはいくつかのテキストを出していますが、オススメは２つ。**「ＮＨＫラジオ英会話」**と**「ＮＨＫビジネス英会話」**です。※2

このプログラムは、だいたい10行くらいの日常会話と、ビジネスなど職場での会話を、月曜日から金曜日まで毎日ひとつ提供してくれます。つまり、１週間で50行ほどです。これが1年続くので、50週間ほどあります。合計２５００行になります。２種類のプログラムを合わせて、年間で５０００行になります。１行には平均して5単語くらいが並んでいます。ということは、２万５０００単語の分量になります(同じ単語はたくさん出てきます)。

※2　著者が勉強していた当時のプログラム。

この５０００行を、**毎日毎日ブツブツ話し続けてください**。丸暗記するまでずっと話し続けてください。３年間続けてください。３年で１万５０００行の英語をブツブツ話し続けることになると思います。

もし、毎日2時間この１万５０００行の例文を話し続けたら、１００％英語がしゃべれるようになります。計算してみましょう。３年間毎日2時間練習すると、合計２１９０時間練習したことになります。

10行の英語はだいたい1分で話すことができますから、１万５０００行の英文を1回話すのに必要な時間は、１５００分です。これは25時間となります。２１９０時間を25時間で割ると、88回となります。英文で1万５０００行といえば、本2冊程度です。

この「ＮＨＫラジオ英会話」で出てくる例文を、すべて１００回ずつ呪文のように唱えてください。唱え続けてください。すべてを１００回唱え終えた暁には、どの国の人を相手にしてもしゃべれるようになっています。そして、かなりのヒアリングもできるようになっていると思います。

毎日１００回、いや、１０００回素振りしたとしても、松井秀喜選手のようにホームランが打てるようになる可能性はそれほど高くないと思いますが、**毎日この例文を１００回**

唱え続ければ、ビジネスで困らない程度の英語力は確実につきます。

スピーキング練習法２：訪れる国々で、適当でいいのでその国の言葉を使ってみる

次に独自の方法ですが、これは再現性が客観的に証明できないので、参考情報として聞いてください。私の体験です。

私は、大阪生まれ大阪育ちです。枚方市というどこにでもある地方都市で育ちました。英語は中１になって初めてアルファベットを勉強しはじめた程度で、ごく普通の教育環境で育ちました。そして、初めて海外に行ったのが高２の夏でした。場所はドイツ。当時、叔父がドイツに住んでいて、そこを訪ねていきました。

まだあどけない高２の少年です。今から考えると想像できないくらいのチキンでした。ドイツのフライブルク市に滞在したのですが、そこで１歳年下のサンドラという女の子に出会いました。私が当時できた会話は、

"Hello"

"I am fine"

"It is rain today"

以上終わり。

高2の夏なので、自分としては、4年半英語は勉強してきたつもりでした。しかし、まったくしゃべれない。何もできない。おそらくほとんどの日本の中学生、高校生はこういう状態になるのではないでしょうか?

なぜなら、4年半英語を勉強してきた中で、サンドラは私が英語を話した初めての外国人であり、初めて英語を使った機会だったからです。

ショックでした。笑えました。自分のことを初めて「使えない人間」だと思いました。もともと受験英語も得意ではなく、センター試験でもたいした点はとれなかったのですが、この夏の体験以降、よりいっそう受験英語の勉強に身が入らなくなりました。

4年半勉強してきてまったく役に立たなかったものの延長線上にあるものに、やる意味が見出せなかったからです。

やがて大学に入り、まず始めたのが先にご紹介した「NHKラジオ英会話」です。5年間くらい聞きました。毎日は聞いていません。人間休みたくなります。それでも、週3日くらいはブツブツ例文を呪文のように唱えていました。

そして、バイトでお金を貯めては、バックパッカーでいろいろな国を旅しました。在学中に16回海外渡航し、20カ国以上を巡りました。そして、行く先々のホテル、バックパッカーの宿、レストラン、バーなどでまわりにいる欧米人のバックパッカーに手当たり次第話しかけました。私の旅の記録を振り返ってみたところ、16回の渡航で合計150日ほど海外に滞在しています。1995年から2002年3月までのことでした。仮に滞在中は3時間ほど英語漬けだったとして、せいぜい500時間ほどになります。

またそれと平行して、在学中にいわゆる英会話教室にも少し通いました。合計100時間ほどだったと思います。

まとめると、5年ほど週3くらいのペースで「NHKラジオ英会話」「NHKビジネス英会話」をつぶやき続けました。合計2000時間にはなるでしょう。そして500時間ほどバックパッカーの旅行中に各国で英語を話すことを実践し、バックパッカーの旅と旅の合間に、英会話教室でネイティブの方（ほとんどオーストラリア人でした）相手に話す機会をのべ100時間ほど作りました。これは英語力の向上というよりは、バックパッカーで実践する前のリハーサルのような位置づけでした。

単純に足し算すると、2600時間になります。

それぐらい時間を使いました。いや、使ってしまいました。

20歳から26歳くらいの人生の貴重な2600時間という膨大な量を、英語に使ってしまいました。考えようによっては、これほどもったいない時間はありません。2600時間もあれば、他にどれほどの勉強ができたか。

私はその後、ニューヨークに留学したり、シンガポールやクアラルンプールで4年ほど生活したりして、今に至るまで十数年間ずっと英語を使っています。しかし、学生時代からたいして上達していません。もはや伸びないのです。大人になるまで英語をまったくしゃべれなかった人間が、大人になってから勉強しはじめたとして、言語の習得には限界があるのだと思います。耳と舌が英語仕様になっていないのです。

私の話す英語も、日本人の耳には流暢に聞こえたとしても、ネイティブにはいびつなイントネーションに聞こえていると思います。よくテレビで外国人のタレントが、流暢のようでいて実は少し変わったイントネーションの日本語を話して笑いを誘うという場面がありますが、たいていの日本人のうまい英語も、そういうレベルです。ネイティブレベルにはなれません。外国語をマスターするということは一般的には難しい。超えられない一線があります。それを超えた人は、通訳としてプロとなりうるのです。

海外に行ったら、まずその国の「ありがとう」という単語を覚える

ネイティブレベルは難しいとしても、海外でコミュニケーションをとれる英語を身につけようと思ったらとにもかくにも実践しかありません。四の五の言わずに、ただただ使えば良いのです。旅ならば、恥はかき捨てられます。適当な英語でも（どの言語でも）いいのです。実践あるのみです。積み上げた時間量は決して裏切りません。

ありがとう。サンキュー。カップンクラップ、カムサハムニダ、タリマカシ、シュークリア、グラッツェ……**とにかくその国の「ありがとう」という単語を真っ先に覚えます。**ことあるごとにその単語を発します。他はすべて英語でもかまいません。ありがとうの部

分だけは、その国の言葉、その地方の訛り、話し相手の故郷の言葉を使うのです。

このたった一言が魔法を生み出します。たった一言、相手に歩み寄るだけで、コミュニケーションは円滑に進んでいくのです。

この一言を皮切りに、できるだけ相手のローカル言語、地方の訛った言葉を2つ3つ覚えます。

たとえば、「なんでやねん」「あきまへん」「おおきに」。日本語を学習した外国人がこれらをさらに覚えれば、その人はもう余裕で日本で生きていけます。**話しかけている相手が生まれ育ってきた生活の中の言葉を使うことです。**会話の節々で、そのローカルな言葉を連発する。それだけで仲良くなれます。それだけで、つかみはOKとなるのです。

日本語を学びたいという外国人に多く出会います。ほとんどの人が「アリガト」と「オハヨございます」（お早うございます、ではない）を知っています。

私は毎回言います。次に覚える必須単語は、「なんでやねん」だと。これさえ覚えれば日本で生きていけると。

聞き取りにくい英語を話す相手には、「イエスかノーで答えてくれませんか？」

それでもなお、私はたびたび聞き取れない英語を話す人に出会います。Singlish（シンガポール訛りのローカルの英語）を話すシンガポール人。Singlishは本当に聞き取れない。まるで中国語です。あるいはインドの山奥で出会うヒンディー語訛りの英語をあやつるインド人。聞き取れない場合がある。平均で語るなら、Singlishよりはまだ聞きやすい。しかし、話がわからない。なぜかというと、とにかくしゃべり出したら長い。こちらの質問に対してまったく関係のない話も平気で5分は話し続ける。また、オーストラリアの田舎町の人たちの英語もほとんど聞き取れません。エアーズロックという世界一巨大な一枚岩がある北東の街、アリス・スプリングスに行ったことがあるのですが、その街の人の英語は、英語に聞こえませんでした。

しかし、こうした場面に出くわしたとしても、私はまったく困りません。まったく聞き取れませんが、まったく困ることはありません。

そういう場面では必ずこう切り出します。

「あなたの話は非常に興味深い。詳しく知りたい。だが、申し訳ないが私は英語が得意ではないので、あなたの英語が聞き取れない。話の内容を確認したいから、私が言うことにイエスかノーかで答えてくれないか？」

あなたの話をもっと詳しく教えてほしいと言われて、嫌な気分になる人はいません。こう切り出せばすべての人は快く引き受けてくれます。

インド人は、こう切り出すとまた5分間の長い脈絡のない話が続くことが多いのですが、それは遮ります。待て待て待てと。私が言うことにイエスかノーで答えてくれと言って制止します。

相手が話す内容のうち、聞き取れた断片から、私が知りたいことを、自分の英語で相手に伝えるわけです。常に相手はイエスかノーで答えてくれます。

どんな訛りがあったとしても、イエスかノーは100%聞き取れます。何がイエスか、それは自分が話した内容に対してです。自分が話した言葉も100%聞き取れます（当然です）。ただインド人の場合、注意しないといけません。彼らはイエスの場合は首を横に少し傾け、ノーの場合は首を縦に振るからです。

お互いを理解し合うために、私は何度も何度も質問します。これを日本語で日本人にやれば、おそらく私は嫌われると思います。「はい」か「いいえ」で応える質問を10も20も続けるのですから。ビジネスシーンでこれをやれば、おそらくこんなに理解ができない人とはまともな仕事はできないと敬遠されるでしょう。

しかし、世界では違います。基本的に人と人とはなかなかわかり合えないと皆思っています。ツーカーなんてことはありません。**何度も何度も質問してくる私を、出会う人たちは逆に歓迎します。**彼ら彼女らは思います。こんなに真剣に、何度も自分に質問してくるこの日本人は良いやつだと。本当に理解しようとするその熱意を感じるのです。

私も初めからこんな振る舞いをしていたわけではありません。大阪生まれといえども、ここまでズカズカと他人の芝生に入り込むことはしませんでした。ただコンサルタント時代に海外の企業、海外の人とさんざんやり取りする機会があり、最初の頃はいつも会話が噛み合いませんでした。会話の内容が蓄積されない。会うたびにゼロベースになる。

純粋なビジネスを考えた場合、効率的にコミュニケーションを進めるのは当たり前のことと思っていたので、相当なカルチャーショックを何度も受けました。決めたはずのことがなかったことになるなど、日常茶飯事でした。

幾度かの失敗のあと、もうまったく躊躇せず、会うたびにこちらからゼロベース、時にはちゃぶ台をひっくり返し、以前までの議論がなかったかのように話を進めて交渉するようになりました。

本当に重要な局面ならば、進捗確認を1日3回でもメールなり電話なりで問い詰めます(特にアジア人の場合は)。同じことはとても日本人に対してはできません。失礼極まりないからです。しかし、海外で話を進めるには、土足で上がり込むほどの不躾さも必要なのです。

世界標準の仕事のルール 6

日常英会話よりもビジネス英語のほうが簡単

ビジネス英語が先、日常英語はあとでいい

大阪生まれ、大阪育ちの私がネイティブとしてしゃべれるのは、2カ国語。日本語と大阪弁くらいです。現在、ビジネスで支障のない程度に英語をしゃべることができますが、20歳まではごく普通の日本人と同じく、英語はまったくダメでした。

他にマレー語、タイ語、ベトナム語、中国語（マンダリン、広東語）、韓国語、スペイン語、インドネシア語など片言ならば話せます。

仮に日本人全員が、日本語の他に英語もネイティブならば、GDPは今の2倍くらいになるのではないかと本気で思っています。どうやったら英語を身につけることかできるか。いまだにビジネスマン向けにそういう書籍がたくさんあり、どうやって英語力を伸ばすかという議論があることは、悲しい限りです。

欧米は言わずもがな、アジアのどの国でも英語は普通に話されています。マレーシア人もタイ人もインドネシア人も、ビジネスマンは普通に英語をあやつります。日本の経済は失われた20年といわれて久しいですが、英語、英語と叫ばれ続けて何年でしょうか？　戦

後70年間、日本の英語教育ほどの最大級の失敗作はないのではないでしょうか？

私は、アメリカを含めて、世界中のすべての国の人と英語でビジネスをすることには何も支障はありません（発音は日本語訛りでまったくもって洗練されていませんが）。英語でのスピーチや講演もシンガポールやバンコクなどでたまに行います。

しかし、それでもなお、英語ネイティブのアメリカ人（またはイギリス、オーストラリア、カナダ）たちと、ごく普通の会話ができません。ネイティブだけのグループに入った場合、彼らが話す英語にはまったくついていくことができないのです。


昔、ニューヨークにいたときにこんなエピソードがあります。コロンビアビジネススクールでグループディスカッションをしていました。４人のグループで、１人はニューヨーク出身、２人目はテキサス出身、３人目はマドリッド出身のスペイン人、そして私です。とある企業のケーススタディーを議論するわけですが、アメリカ人の２人がネイティブ英語（スラングを多用）で、議論を早口でまくし立てています。

それなりに英語に自信がある私ですが、まったくもって彼らの言っていることが理解できません。そんなとき、隣にいたスペイン人が彼らに言いました。

「おいおい、そんなアメリカのスラングばかりじゃ俺にはわからない。Global English で議論しようぜ」

大人になってから英語を習得した場合、幼少期、青年時代に多用する日常的な言葉は欠落してしまいます。ＣＮＮなどの英語は完璧にわかったとしても、ちょっとした子どもの日常会話の英語がまったくわからなかったりするのです。

これはわれわれ日本人だけでなく、英語を流暢に話しているヨーロッパ人にとっても、ローカルのスラングは非常にわかりにくいものなのです。

私はこんなことをよく言われます。

「よくビジネスの場で、英語で交渉ができますね。私などは英語の日常会話もままなりませんよ」

これはまったくの誤解です。**英語の日常会話のほうが、ビジネスでの英語よりはるかに難しい。**日本企業と外国の企業との間の買収交渉を英語でできたとしても、たまに海外のバーで、ビジネスマン同士が何気なくやり取りする会話、たとえば、

「やあ、最近調子はどうだい？」

「ここのところ東の連中があれだろ、なかなか厳しいぜ、そっちは航空関連がいいって聞いてるぜ、ぶいぶい言わせてるのかい？」

そして何かのジョークを言い合い、お互いが笑い合う。まわりの欧米人も面白かったようで笑っている。

その場にいる私は笑いのポイントも、何を言ったのかもわからず、曖昧な笑みの相槌を打つ。大阪人である私は笑いに対する基準が高く、たとえ理解できたとしても彼らのジョークの多くは笑えないものも多いのですが、そもそもジョークを理解できない私は、鼻で笑い飛ばされる存在です。

30枚、40枚にもおよぶ英文の契約書の交渉はできても、こうした会話は、大人になってから英語を学んだ人間にとっては非常に難しいのです。

私にとってても英語はコンプレックスです。もっと英語がしゃべれたら。そう思うことは日々あります。海外で生活し、ビジネスをやり取りしているからこそ、自分の子どもには英語で苦労させたくないと強く思っています。

20歳を過ぎてから、単純な語学に費やす勉強時間などありません。そんなことよりももっと勉強するべきものがあるはずです。**30歳を過ぎてから英語力向上のためにTOEICの勉強をするなど、時間の無駄としか思えません。**これからの世の中をサバイバルするために必要なスキルを身につける、そうしたことに努力したほうが、よほど時間の有効活用となります。

そもそも、TOEICの点数など何点とっても同じです。この世界をサバイバルしていく力とTOEICの点数には、さして相関はありません。海外で、アジアで、相手にTOEICの点数を言ったとしても、その点数の意味合いをほとんどの人は知りません。

日本人は、20歳を過ぎてから日本語という語学のための勉強はしないと思います。同じく英語ネイティブの人も、20歳を過ぎてから単なる英語の勉強などしません。

つまり、20歳を過ぎてから仮に1000時間かけて外国語を勉強するとすると、世界中のあなたのライバルはその1000時間の間に、法律やiPhoneアプリの開発の仕方、財務会計などを学ぶことができるのです。

私自身、話すための英語の勉強は20歳を過ぎてから始めました。30歳を過ぎてTOEI

Cを受けたこともあります。自分自身、本当に無駄な時間を過ごしたと後悔しています。20歳を過ぎて、たんなる英語学習に費やしてしまった貴重な時間たち。こんな無駄な時間はありませんでした。

英語での日常会話もままならないから、自分は海外でビジネスマンとしてはやっていけない。そう思っている方がいたら、その心配は杞憂です。

日常会話など忘れてください。気の利いた日常会話、宴席で相手の心をつかむようなしゃべり口など、それはもっと難度が高い英語です。

まずは、ビジネス英語からマスターすればいいのです。**ビジネス英語であれば、ほとんどすべての人はマスター可能です。**

世界標準の仕事のルール 7

日常会話のレベルを上げたかったら、まずは英語の絵本を読んでみよう

7歳で英語と日本語がネイティブレベルで話せるようになった理由

5000行の英語を何年も念仏のように唱えていたから断言できます。気の利いた日常会話は本当に難しい。どうしたら、それをマスターできるのだろうか。いろいろと試行錯誤した結果、**そのヒントは幼児教育にありました。**

私の育児の目標は、自分の子どもには語学学習を20歳までに完了させることです。20歳までに、日本語、英語、そして中国語をマスターさせることです。しかも、ビジネス会話だけでなく、日常会話もマスターさせることです。

私には3人の子どもがいます。2018年4月現在、上から9歳（女）、7歳（男）、4歳（男）です。この3人の子どもたちと共に外国で生活する中でわかったこと、なぜ日常会話が難しいのかというその理由を紐解いてみたいと思います。

長女が海外生活を始めたのは3歳3カ月のときです。それまで英語の勉強などは日本ではまったくしていません。海外に移住する飛行機の中でHello、Good morningなどを教えた程度です。

そんな長女ですが、9歳になった現在、英語と日本語は完全にネイティブレベルです。漢字も書けるようになっています。これまでの6年間は次のように過ごしてきました。


最初の移住先はシンガポールでしたが、オーストラリア系の幼稚園にまず入園させました。オーストラリア系を選んだのは、空き状況と、家からスクールバスで通えるからという現実的な理由で、教育方針などについてはたいして調べていませんでした（私は）。入園前に英語学習などの予習はまったくしていません。いずれにせよ、3、4歳は英語ネイティブの子どもたちの英語もたいしたレベルではないので問題ないと考えました。

そこから同世代の子どもたちと同じ英語レベルになるのに要した時間は約2年ほどでした。5歳のときにはアメリカ系の幼稚園（国際バカロレア（ＩＢ）認定の学校）に通わせていたのですが、その学校の先生から、彼女の英語は第2外国語というレベルではなく、同世代のネイティブレベルとほぼ同じだと言われました。

娘の日本語力はというと、5歳児としては、かなり上のほうではないかと思います。女の子ということもあるかと思いますが、ペラペラと日本語（というか、大阪弁）をよくしゃべります。

ちなみに娘のクラスは、子どもの数が15人程度で、国籍は10カ国程度の多様性があります。アメリカ系ということもあり、５人はアメリカ人、あとは日本、中国、マレーシア、フランス、ドイツ、インドネシア、インドなどの国籍の子どもが各国１人ずつです。

絵本には日常会話の英語がたくさんある

その2年間、私が何をしたかというと、家では日本語のみで会話し続けました。あとは、毎晩寝る前に絵本を3冊（すべて日本語）を読み続けました（正確には、ほとんど妻がしました）。

つまり、海外移住してから2年間で約２０００冊（同じ本を含む）の絵本を読み聞かせたことになります。私の日本語訛りの英語の発音では、娘に英語を教えることはできません。英語は学校に任せ、自分は日本語のみに専念しました。

実はたまに娘が持って帰ってくる英語の絵本を読み聞かせたりもしましたが、娘に発音が違うと注意される始末。そして何より私が驚いたのは、4歳や5歳の子どもが読む絵本にもかかわらず、知らない英単語がたくさん出てくるのです。

「おじいさんは山へ芝刈りに、おばあさんは川へ洗濯に行きました」

日本で生まれ育ったみなさんであれば、こんなフレーズは1000回以上聞いてきたと思います。しかし、9割の日本人の大人は、このニュアンスを正確に英語で表現できません。私もできませんでした。

「芝刈り」とは英語で何と言うでしょうか？「川へ洗濯に行きました」とは何と言うでしょうか？ went to river でしょうか？ walked to river でしょうか？ はたまた違う言い方でしょうか？

「くまさんは、スープが熱くて飲めないや、とぼやきました」

このようなフレーズも何度も聞いたことがあるかと思います。しかし、こうした状況、くまさんの感情を表すのに一番適した「ぼやく」という単語が何になるのか。われわれ日本人には見当もつきません。

A little boy gave his apple to dame

dameという単語は、絵本では何百回と出てきます。しかし、これが、「おばちゃん」ということを知っている日本人はほとんどいないでしょう。

分厚い契約文書は難なく読みこなすことができるにもかかわらず、**5歳の子どもが読む短い絵本の中に、知らない単語が10個以上も出てきてしまうのです。**

そこで私は気づきました。こうした日常的に出てくる言葉の積み重ねがないから、英語で日常会話ができないのだと。

私が長女に絵本を読み聞かせはじめたのは1歳になる前から。つまり8年間で合計8000冊（同じ本を含む）は読み聞かせていることになります。1冊の絵本の日本語の文字量が200文字とすれば、絵本だけで160万文字の日本語を聞いています。さまざまな登場人物、感情の表現、時代背景、悲しい話、怖い話、動物や自然やファンタジーなどいろいろなものが登場します。

そうしたさまざまな日本語を聞くことで、ようやく7歳児の日本語ネイティブになります。書ける漢字はまだ数十種類程度であり、新聞など読めません。これだけの量を積み重ねたとしても、その程度の語学力なのです。

一方、こうした英語の単語、誰もが聞いたであろうフレーズを100万文字レベルで読み聞かされることなく、「This is a pen」など、絵本で出てきたことがないフレーズから英語学習してしまう日本人には、決定的に基礎的な英語力が欠落してしまうのです。だから何気ないバーでの会話にまったくついていくことができないわけです。それ故、日常会話はビジネス英語よりもはるかに難しいのです。

娘が6歳のときの授業でこんな一幕がありました。家でひな祭りをしていたのですが、浴衣を着た写真を先生に見せたいと言うので、スマホで写真を撮りました。そして、登校前の朝、メールで先生に送信したのです。

すると、最初の授業が始まるや否や、その浴衣を着た写真がプロジェクターを通してスクリーンに大きく映し出されたのです。娘にも、私にももちろん事前に断りなどありません。

先生は聞いてきました。なんのお祭りか。なぜ3月3日に日本では女の子の祭りをするのか。なぜ浴衣を着るのか。何か特別なものを食べるのか。ひな祭りの写真をバックに大映しにしながら、6歳の少女に、日本の文化についてのプレゼンテーションをいきなり求めるのです。そこから1時間、授業は急遽各国の祭りについて話し合う場となりました。インド人の子どもはディパバリについて。中国人の子どもは中秋節について。

そんな授業を通じて、子どもたちはさまざまな文化と、それをどう表現したら良いのか。新しい日常英語を学ぶのです。

そうした子どもたちの語彙力のすべては、両親と絵本から来ています。そうした繰り返しがなければ、日常会話はなかなかマスターできないのです。

竹取物語、一寸法師、桃太郎、浦島太郎。おそらくほぼすべての日本人が知っている話だと思います。何度も何度も親が読んでくれたことでしょう。

同じく英語圏、各言語圏にも誰もが知るお話があります。その**誰もが知る絵本を10冊ほどピックアップし、何度も読んでみることです。**絵本は子どもたちが学ぶ言語の宝庫です。外国語の日常会話のレベルを上げたければ、まずは絵本を読むことをオススメします。

第3章
世界標準のワークスタイル

世界は広い。さまざまな文化的背景、価値観を持った人がいます。これからはもう日本人とだけやり取りしていては済まされません。外国人の上司や外国人の部下を持つこともあるでしょう。日本での常識は海外での非常識、逆もまたしかり。人間としての礼儀は大切にしつつも、この広い世界で生き抜くためには、時に図太く、したたかにならねばなりません。

第3章では、海外で生き抜くためには、こんなワークスタイルでも良いのだ――**ある種日本人的感覚で考えた場合、非常識かもしれないが効果的なスタイル**を、さまざまな国での体験を交えながらご紹介したいと思います。

世界標準の仕事のルール 8

相手から「すぐやる（soon）」と言われたら、「いつ？（What time?）」と聞き返そう

メールの返信がないとき、どうするか？

メールを送ったのに、返事が返ってこない。海外では日常茶飯事です。もちろん見ず知らずの人へのメールや、会社の代表アドレスへの問い合わせなどに返事がなかなか来ないことはあるかもしれません。しかし、海外の企業や人と仕事を進めている中で、メールをしても返事が返ってこないということも多々あります。プロジェクトを共同で進めている中でさえも。そして、なかなか返事が返ってこないといってやきもきする。もう一度催促メールを送ろうかどうしようか迷う。そんな状況はよく見かけます。

ここで価値観の相違が出てきます。メールに返信しない人には、しないなりのロジックがあります。つまり、返信するまでもない、重要でないと判断したか、特段異論はない内容、読んでそのままスルーしているという状況です。また、送った側が返信を必要とするのであれば催促メールが来るだろう、催促メールが来ないということは、このメールの件は問題ない状態なのだろう（消滅または収束したのだろう）と勝手に結論づけます。

海外とのやり取りの場合、紳士的に待っていてはいけません。**すぐに返信がほしいのなら、何度でも催促メールを送る必要があります。**日本人の感覚的には、2度以上催促メールをもらった場合は失礼な感覚を持ちますが、海外ならそうは受け取られません。

何度も催促するということは、重要なことだと解釈され、それに対しての積極的な姿勢に好感を持たれることのほうが多い。

「soon」と来たら黄信号

「soon（すぐにやる）」。これも危険ワードです。

インド人の「soon」は来月のことかもしれません（インド人の友人たち、失礼）。そればかりか、「すぐ」と言われて待っていたら、いつまでたってもやってこないことも多々あります。

「I will do it soon（すぐ対応します）」

この言葉を聞いたら普通は安心しますが、海外では不安になるだけです。「すぐ」とはいつだ？　5分後か？　1時間後か？　今日か？　明日か？　実は来月のことなのか？

それとも、永遠にやってこないことなのか……。

「すぐ」のように、数字が入っていない言葉はまったくアテにできないのです。

私は、海外でのやり取りで「soon」という言葉が出たら、0・1秒後には、「what time?」と返します。もっともここまで詰める必要があるのは、特にアジアやアフリカにおいてで、イギリス人やアメリカ人が相手の場合は、また違う対応をすることもあります。

世界標準の仕事のルール 9

「一度も会ったことがない外国人に、チャットで仕事の発注を「即決」できるようにならねばならない」

チャットでスマホ、作れますか？

この5年の間に仕事の仕方は様変わりしています。電子メールもウェブサイトも過去の遺物になりつつあります。コミュニケーションはチャット系のアプリで、またウェブサイトもパソコンで見るのではなくスマホですべてが済む時代となってきています。

ここでもしチャット系のアプリと聞いてピンとこない読者の方がいらっしゃったとしたら、それはかなり危機意識を持っていただいたほうがいい。

現在、ケータイを所持せず、電子メールも使っていないと聞くと、１００％の読者の方がそれは遅れているなと思うでしょう。それと同じで、２０１８年現在、チャット系のアプリを使いこなせていないのは、もはやそのレベルのことだと思ってください。

代表的なものは、日本ではＬＩＮＥですが、世界では、フェイスブックのメッセンジャー、WhatsApp（フェイスブックに買収され、現在その傘下にある）、そして中国を中心に広がっているWeChat。マイナーなところでViberやスカイプがあります。

ｉＰｈｏｎｅに代表されるようなスマホ。現在は数多くの種類があります。これまで発売されたスマホは５０００機種とも６０００機種ともいわれています。

スマホといえばかなりの高機能デバイスというイメージですが、実は、このレベルのデバイスのオリジナル端末の製造はチャットでも発注できてしまうのです。

私自身の体験も踏まえて、世界で何が起こっているのか一連の流れを見ていきます。

スマホを作るには、(1)工場の決定、(2)スマホのデザイン決定、(3)機能の決定、(4)生産、(5)納品、という5つのステップがあります。正確にはもっと細かくなりますが、簡略化してこの5ステップで見ていきます。

そもそも工場はどうやって見つけるのか？　まずそこが気になりますよね。ここで出てくるのがアリババ（Alibaba）です。２０１４年、ニューヨーク証券取引所に上場し、いきなり時価総額が20兆円を超えたお化けスタートアップです。ソフトバンクは創業間もない時期に出資をし、含み益だけで8兆円の利益を叩き出しました。

アマゾン、楽天、ヤフーは知っていても、日本ではほとんど馴染みのないアリババ。しかし世界のビジネスシーンでは非常に大きなインパクトを与えています。

アリババは、B2B（企業間取引）のマッチングサイトです。C2C（個人間取引）としても使えなくはないですが、ありとあらゆる商品を調達する（卸す）マーケットプレイスといえます。今回はスマホを例に取り上げますが、そうした電気製品に限らず、アパレル関連、自動車関連、スポーツ系、食品、農業系などあらゆるものが世界中から調達可能です。コーヒー豆、ダイヤモンド（指輪ではなく粒単位）、農作機の部品、ネジ、スマホのスペアバッテリー、CPUなど、取引単位はひとつから数千数万までに及びます。

アリババにはアクティブなバイヤーが世界中に3億人以上存在し、10億近くのアイテムが売られています。また、Taobao（淘宝網）や有名ブランドを扱うTmall（天猫）というECサービスも保有し、いずれも巨大なビジネスとなっています。

このアリババの出店者の中に、スマホを生産できる工場関連の会社が多数存在するのです。極端な話、彼らに「最新のAndroidで、通信帯域が2ギガヘルツ帯の4GLTE対応、3Gにも対応するスマホを100個生産してくれ」とテキストを送れば、オリジナルのものを製造するなど容易です（ただし、スクリーンの中のアイコンが中国語になってしまったりしますが）。工場の場所は中国の深圳《しんせん》である場合が多いです。

中国のスマホ市場はすでに巨大で、年間4億台以上のスマホが飛ぶように売れています。新興系のシャオミ（Xiomi）というスマホメーカーは創業からわずか3年で、評価額が10億ドル（1・2兆円）を超える規模へと拡大しました。シャオミは歴史上最速で10億ドル、つまりビリオンダラーに到達した企業なのです。

こうした急成長するメーカーを下支えする工場群が深圳や台湾にあまた存在しています。iPhoneの工場も同じです。NEC、富士通、日立、東芝など、かつて日本で隆盛を誇った携帯電話メーカーの影はもはやなく、代わりにTSUTAYAやイオンなどがスマホを提供していたりする。これら新プレーヤーが活用しているのも深圳などの工場です。

彼らは何億台と迫りくる需要に備え、4インチ、5インチ、6インチなど各雛形となるような筐体や、それに合わせたマザーボード（ICチップなどがハンダ付けされた基板）などのラインナップをすでに持っています。

携帯電話の生産はシーズンにより上下し、また新製品に合わせてピークが来るため、工場稼働の平準化が課題となっています。前シーズンで残った部品やボードを売るため、工場の稼働を上げるために、全世界3億人のアクティブバイヤーを誇るアリババに出店し、世界中から生産受託のチャンスをうかがっているのです。

そうした裾野が広がっているからこそ、「最新のAndroidで、通信帯域が2ギガヘルツ帯の4GLTE対応、3Gにも対応するスマホを100個生産してくれ」というテキストメッセージひとつでも生産できてしまうのです。

もちろん端末に自社ブランドのロゴも刻印できます。少し詳細にいうと、通信帯域については、Band1と19のLTEを頼むというカスタマイズも可能です。(2)スマホのデザイン決定や(3)機能の決定にこだわらなければ、瞬く間に生産されます。

日本ではケータイのバッテリーの交換で5000円、7000円といったお金を取られることがありますが、深圳の工場で備蓄されているリチウム電池バッテリーなどであれば、ひとつわずか100円でも入手可能だったりします。電気容量が2000mAhなどのものが、です。予備のバッテリーを100個つけても1万円加算されるのみです。

アリババのサイト(Alibaba.com)には、先に述べたように10億アイテム以上、何十万社という会社の情報が載っています。そこから目当ての会社を検索し、発注に動き出すわけですが、**会社を見つけてから発注まで1時間ということも珍しくありません。**

「入金があり次第、今日発送できる」スピードが命

たとえば、自分が製造するスマホにフィットするケースのアクセサリーも購入したいとなったとき、製造する予定のスマホの大きさをテキストメッセージで送り、発注量を500個などと記載すれば、数十分でいくつかの候補企業から返信がきます。

そこでWeChatかWhatsAppでやり取りしようと持ちかければ、すぐさまリアルタイムのチャットコミュニケーションが中国のどこかの工場の担当者と始まります。

向こうの担当者もチャットで注文を受けることに慣れています。私がテキストで素材のイメージを言うと、どんどんとそれに近いケースを写真に撮って送ってきます。もう手元にバリュエーションが数百とある雰囲気です。

私が、Ｎｏ、Ｎｏと言っていると、「そっち（私側）に何か例になるものはないか？」と言ってきます。私がイメージするものに近いものを持っていたので、それをすかさず写

真で送る。すると、「ちょっと待ってくれ」と10分程度沈黙が続きます。

実はこうしたスピーディーなやり取りを、私は通常3、4社と平行して進めます。もっとも対応が的確で、速い会社を見極めるためです。5秒早く反応する。それが受注の決め手になると感じています。

10分後、驚いたことにイメージとピッタリのケースが3つもサンプルとして送られてきました。彼（彼女かもしれません）は続けます。

「このタイプなら、今作ろうとしているスマホのサイズにピッタリのものが在庫にある。入金があり次第、今日発送できる。他のものは在庫がないから、製造を待つ必要があるから5日から2週間だ」

このスピード感がおわかりになるでしょうか？

初めてやり取りする相手です。顔も知りません。チャットでやり取りしただけです。それでも、自分のニーズに合致するのであれば、すぐに注文できます。今、入金すればすぐにビジネスを加速する商品が送られてくる。その意思決定ができるかどうか。

ビジネスはスピードが命です。こうしたワークスタイルで対応できるかどうかで、未来は大きく変わってきます。

誰よりも早く動くしかない

日本の企業の場合、普通の会社ならここでストップです。送金できるのは来月末になるだろうから。中国企業では今日発送されて2日後には手元に届くものが、日本では2カ月後ということにもなりかねません。

送金はどうするかというと、中国企業同士ならアリペイ（Alipay）というアリババのサービスを使います。また、私のような外資系企業とはペイパル（PayPal）でする場合が多くなります。先方からメールでリンクが送られてくるので、それをクリックし、ペイパルから送金すれば直後に向こうで入金が確認される。送金は10秒足らずで終わる。

会社を探しはじめて、お目当てのアクセサリーのケース500個の発送までこぎつけるのに要した時間は1時間ほど。しかも、店頭価格の10％くらいの安価な価格で取引ができるのです（さらに安価な場合もあります）。

コミュニケーションコストも極めて小さい。これほど劇的な速さで発注業務を進めるかたわら、自分の机のラップトップに向かい、通常の仕事も進めることができるのです。**もはや世界ではこんなスピードでビジネスはまわっています。**フラット化した組織で予算権限が分散化されていなければ、この仕組みを活かすことはできない。

想像してみてください。

たとえば、中国で1万人の企業があるとします。その1万人がこうした仕組みでありとあらゆるものを買いつけに動く。その日のうちに取引は成立し、商品の発送が行われる。素材や部品が行き来し、中国全土の工場が稼働して新たなものを製造する。

そんなふうに1万人が動いたとき、1年で会社はどれほど変わるか。

確かに、会わねば決められないこともたくさんあります。会うからこそ良いものが作れる、それも事実です。しかし、会わずとも決められることも多々あるのです。

日本人の傾向として、会わねば何も始まらないという考えの人が多い気がしています。会わなくとも決められる、テレカン（電話会議）をしなくとも決められる、それにもかかわらず会おうとする。会わないまでも、まずはテレカンをしようとする。

本当にしたいことが明確なのであれば、チャットで仕事は頼めるのです。**自分がしたいことの価値、つまり相場を把握していれば、発注金額は即決できるのです。**

もちろんここで紹介したようにトントン拍子で行かないこともあります。送金しても、そこから音信不通になるなど問題も起きてきます。アリババ詐欺として、ブログなどでそうした事件について書いている人はたくさんいます。最初は対応が良いが、入金直後から対応が遅くなるような企業もたくさん存在します。商品を送ったと言っても、送っていないことなど日常茶飯事です。郵送のトラッキングナンバーを教えてくれと言っても、その番号を知らされるのが3日後などということもよくあります。500個送られてきたら当然ながら、不良品が混ざっています。歩留まりが97（100個のうち3個が不良品）ということもザラです。これがアジアクオリティです。

もちろん100万単位の製造など、SLA（サービスレベルアグリーメント：品質についての合意書）契約を結ぶような開発の場合はもっと高い歩留まりとなります。ここで取り上げたようなアトランダムな発注、数万までの小ロット生産などの場合、低い歩留まりは覚悟する必要があります。

しかし、ビジネスにおいてスピードに勝るものはありません。そして何よりも、世界ではこのスピードで動いている人や企業があまた存在するということです。不良品、誤発送、はたまた発送しないという詐欺。そんなリスクはあります。リスクを計算に入れたとしても、スピードの魅力はそれを凌駕します。リスクはマネジメントすればいいのです。

このスピードで動く企業に勝つためにはどうすれば良いか？
それよりも速く動くしか道はありません。

あなたは、チャットで仕事の発注ができますか？

世界標準の仕事のルール10

世界の誰にでも、いきなり会いに行っていい

ツイッターで突如アポ取り

これほど世界が近くなった時代はいまだかつてありません。フェイスブックは世界中で10億人以上の人が使い、スマホを持っている人は20億人を超えました。iPhoneやAndroidのスマホ向けにアプリを開発し、公開すると、20億人の手元に届けることができる可能性が広がっています。

世界の人たちとコミュニケーションする手段はフェイスブックだけではありません。SMS（国際間）、ツイッター、LINE、WhatsApp、スカイプ、WeChat、インスタグラムなど、ここ10年くらいでさまざまなサービスが現れました。

私のコミュニケーションスタイルが変わったのは2009年頃からです。きっかけはツイッターの登場が大きかったと思います。2010年7月には、「ツイッターとノマドな人がもたらす変革」という記事を日経ビジネスオンラインに寄稿しているので、そちらも参考にしていただければ幸いです。

今からお話しすることは、私にとって日常です。

２０１１年1月、パリに出張に行く機会がありました。出張に行く1週間ほど前から私はツイッター上で検索を始めました。キーワードは、「パリ」「フランス」「Paris Japanese」「France Japanese」です。何をしているかというと、出張する予定の都市にいる日本人を探したのです。

こうしたキーワードで検索すると、当時パリに住んでいて、日常的にツイッターでつぶやいている日本人を、簡単に20人くらい見つけることができました。

私がしたことは単純です。検索で見つかった人全員に、こんなダイレクトメッセージを送ったのです。

「1月27～29日にパリに行くのですが、会えませんか？　私はどうすれば日本の若者はもっと世界に打って出るのだろうかと、その答えを模索しています。○○さんのように海外で頑張っている方にお会いして、お話をお聞きしたい」

だいたい2割くらいの人から返信があります。中には、いきなりこんなメッセージを送りつける私のことを、怪しい人間と思って無視する方もいます。無理もありません。自分自身、かなり怪しいと思っています。1、2割程度返信があればいいのです。8割以上の人に無視されても、凹む必要はありません。

しかし、こんな出会いがきっかけとなって、その後何年も関係が続くこともあります。

ツイッターからの出会い（1）

今から7年ほど前、ツイッターを活用してパリでSさんと出会いました。

出会ったとき、Sさんは20代後半でした。会うまでの事前のやり取りで、2、3回メールを送り合っていました。実際に会って話を聞くまでまったく気づかなかったのですが、Sさんは10歳から留学生活を送り、そこから15年以上日本での教育を受けていないということでした。

10歳から中学校を卒業するまでは、ハワイ。高校から大学院まではアメリカ、そして仕事でパリに来て半年というタイミングで私はSさんと出会いました。それほど長期間海外に住み、海外の教育環境で生きてきたSさんですが、私とやり取りしていた日本語は完璧で、尊敬語や謙譲語も完璧に使いこなしていました。

昨今、新入社員の多くが尊敬語や謙譲語を使いこなせない状況からくらべると、10歳から日本で教育を受けていないSさんがこれほど完璧な日本語を使いこなせていることは、奇跡のように思いました。

その理由を尋ねてみると、秘訣は『ジャンプ』にありました。そうです、漫画の『週刊少年ジャンプ』です。私も子どもの頃、ドラゴンボール、スラムダンク、シティハンターなどと共に育ちました。Sさんの日本語は『ジャンプ』によって形成されたものでした。

普通の親は、漫画ばかり読んでないで、本を読みなさいと子どもを叱るところです。しかし、海外で生活している若者にとって、『ジャンプ』はその時代の日本語の宝庫です。学園もののストーリーでは、同世代の若者がどのような日本語で日々の生活をしているかが垣間見えます。同世代の日本人がいなくとも、いわゆる若者言葉をマスターすることができるのです。また、歴史物の漫画もあります。時代劇で使われる古い日本語も『ジャンプ』から仕入れることができます。仁義を熱く語る漫画もあれば、スポ根もある、SFもあれば、異国を舞台にしたものもある。

そして、すべてのセリフの漢字にはフリガナが振られています。10歳頃ではまだ知らない漢字も多い。しかし、『ジャンプ』が常にフリガナを振ってくれることで、１人でも漢字を読む練習ができるのです。

Sさんは言いました。毎週送られてくる『ジャンプ』が待ち遠しくて仕方がなかったと。しかも手に入る日本語はそれしかない。１週間の間に10回、20回と繰り返し読んでいたと。そうするうちに、漢字をどんどん覚えていました。実際は、なかなか書けないが、今はパソコンの時代、すべての漢字を打つことはできる。小中学校はハワイでアメリカ人の同世代と戯れ、毎日『ジャンプ』を繰り返し読むことで最先端の日本語を仕入れる。

ハワイで5年過ごし、高校はカリフォルニアに移ったそうです。それも単身です。高校時代は考え方もアメリカナイズされ、このままアメリカで勝負したいという気持ちが強くなったと言います。その後名門スタンフォード大学に進学しました。

そして、パリで私はSさんと出会ったのです。なぜパリか？　スタンフォード大学の大学院を修了後、スタンフォード大学が提供するデザインシンキングという分野の立ち上げをパリでやるというミッションで、パリに就職したとのことでした。パリに来て半年経ったところで私たちは出会いました。もちろん、フランス語はしゃべれないなか、パリに移住してきたそうです。

10歳でハワイに留学してから、私が会ったときまでに15年以上の歳月が流れています。その間、いわゆる普通の日本の教育は受けていない。それでも、パリのカフェでSさんと話した2時間、私はそこに純粋な日本人の心を見ました。

漫画は、Mangaとして英単語になっています。アメリカでもヨーロッパでもアジアでもみなさんこの単語を知っています。ドラゴンボールやワンピースなど、単独著者で1億部以上を売り上げたことがある人間は、世界の歴史の中で数えるほどしかいません。『ハリー・ポッター』のJ・K・ローリングや、『そして誰もいなくなった』のアガサ・クリスティなど、世界でも限られた人です。


日本の漫画には、日本の心を学ぶ最高の教材があふれています。個人的には、血生ぐさい、戦いばかりの漫画については肯定的になれませんが、漫画にはすべて入っている。最先端の若者言葉から時代劇の古い言葉まで。スポ根、恋愛、科学、ファンタジー、SF。努力と挫折、そして友情も出てきます。

話は脱線しますが、私はそのうち直木賞や芥川賞は漫画が選ばれてもおかしくないと思っています。それほどの芸術性を持つ作品が数多くあります。

想像してみてください。

翌週パリに出張に行くからと適当に検索をして（失礼！）見つけた青年が、10歳からいきなり親元を離れ、ハワイに留学し、その後カリフォルニアに移住、スタンフォード大学という名門を卒業し、今度はフランス語がまったく話せない中で、フランスのパリでの事業立ち上げに動いている。

そしてパリに来て半年もたたないタイミングで、東京から来た怪しげな私からのダイレクトメッセージを受け取る。私のほうも、ツイッターを活用して何気なく見つけた青年が、これほど興味深い半生を送っていようとは夢にも思わず、初対面にもかかわらず話は2時間ぶっ通しで途切れることなく続きました。

Sさんとはフェイスブックで今でもつながっており、お互いの近況を垣間見ています。あれから7年、実はまだ再会していないのですが、私にとってはなんとなく気になる存在です。またぜひ会ってみたいと思える人のうちのひとりです。

ツイッターからの出会い（2）

そんな波乱万丈なSさんとのカフェでの2時間のあと、そこから2駅ほど離れたカフェで次の方と待ち合わせました。

その人もツイッターでいきなり「会いたい」と言って会ってくれた女性です。しかも、彼女はヨーロッパを中心に映画プロデューサーとして活躍している方でした。日本でいう単館シネマ系のアート性あふれる渋めの映画をプロデュースしていました。

私の夢のひとつは実は映画監督です。女性で単身ヨーロッパに渡り、映画プロデューサーとして健闘している日本人がいようとは、まったく予想外でした。

彼女はヨーロッパ中を車、鉄道で駆け巡っていました。映画のために、イメージと合致する撮影スポットを探すためです。また、ヨーロッパの国々を巡りながら、偶然出会う風景、町並みにインスパイアされてその背景を活用した映像を残すという製作手法も取っておられました。旅をしつつ、ノマドに生きつつ、映画を作るというライフスタイル。

10歳でいきなり親元を離れた青年に偶然会っただけでもショッキングだったのに、またもや偶然出会った女性が、そんな映画製作に挑戦している方だとは。

日本にいれば1億人の日本人がいます。その中でも偶然の出会いはあります。しかし、同じ日に、パリで出会う2人の日本人がこれほど特異な生き方をしている。ツイッターがなければ、こんな衝撃的な出会いは生まれませんでした。

ツイッター以外でも、フェイスブックでも、他のソーシャルメディアのツールでも何でもいいでしょう。返事が来なくても気にする必要はないのです。会うことに意味があるかどうかは、会わねばわかりません。

世界標準の仕事のルール11

偉い人だからといって会いに行ってはいけない理由はない

役職など関係ない。会うために、ただただ突破していい

さかのぼって2009年のことです。この年、ビジネス界隈ではインドが非常にホットでした。NHKスペシャルで「インドの衝撃」という特集が放送されたことも影響していました。その番組でIIT（インド工科大学）のことが取り上げられ、日本中がこの大学に熱い視線を注いでいました。

IITはインドの大学の中のトップ中のトップで、インド全国に7校（当時）あり、ムンバイ、デリー、バンガロールなどの各主要都市に点在していました。入学定員はわずかに3000人（当時）。7校すべて合計して、わずかに3000人なのです。

インドの人口は12億人。日本の10倍です。東京大学の入学定員は毎年3000人です。京都大、大阪大などの旧帝大を合わせると2万人近い枠があります。インド人の若者にとって、3000人とはとてつもない狭き門だということがわかるかと思います。

受験の倍率は60倍を超えました。しかも浪人は許されず、生涯一度のチャンスしかありません。受かれば学費、寮費がすべて無料。インド全土の若者が血眼《ちまなこ》になって勉強して、

入学を目指します。2009年当時、IITの滑り止めにアメリカのMITを受けるインド人がいる、というようなことも話題となりました。

当時からインドはIT大国として知られ、ITエンジニアが300万人いて、毎年30万人のペースで増えているといわれていました。そして、Wiproや、Tataのような数万人規模の巨大なオフショア開発を請け負うIT企業が数多く生まれていました。

日本では、2009年当時はMBAブーム。ビジネス高エンジニア低の時代でした（2018年現在は、圧倒的にスマホエンジニアのポジションが高くなっていますが）。

ビル・ゲイツも言ったことから話題となった、働くスタイルによる呼び分けがあります。ビジネスタイプの人のことを「スーツ」、エンジニアタイプの人のことを「ギーク」と呼ぶというものです。人材育成において、どのように良いスーツを育てるか、どのように優れたギークを育てるか。またギークからゆくゆくはスーツになるべきか、その育て方はどうするのか、そんな議論がなされていました。

IT立国でエンジニアの育成に思い切り舵を切っているインド。ギークの育成は成功しています。その中で特に話題のIITは、スーツの育成についてどう考えているのだろうかと疑問を持った私は、当時、野村総合研究所でコンサルタントとして働いていたのですが、そうしたトピックでインド出張をでっち上げ（失礼）、ムンバイに向かいました。

大学、インド教育の将来を担う面白いテーマです。**私はあろうことか、IITムンバイ校の学長に会おうと決めました。**ホームページを調べると、メールアドレスと電話番号が載っています。

先に述べたことを議論したいと、インタビューの依頼をメールで送りました。当然ながら返信はありません。電話も日本からかけてみました。

何度もかけ、ようやく秘書につながりました。会いたい旨を伝えると、来週まで出張でいないという回答。帰国日は私がムンバイに着く日でした。そしてまたすぐに出張の予定が入っているとのことでした。

ムンバイに着いた当日、また秘書に電話をかけました。今ムンバイに来ている。明日、学長に会いに行く。メールでは了解の返事をもらっていると矢継ぎ早に話し、ついては、学長の携帯電話の番号を教えてくれ、時間の最終調整をしたいと頼みました（**もちろん返事はもらっていませんでした**）。

そうこうして、番号を聞き出し、すかさず電話をかける。学長は空港からタクシーで自宅に戻っている最中でした。先週送ったメールの件で、ぜひとも明日会いたい。何時でもいいので会ってくれないかと、私は熱く語りかけました。

学長（当時）のAshok Misraさんは、メールは読んでいたよ。来てくれたのか、それはぜひ会いたいと快く了解してくれました。

私は電話を切ったあと、約束の時間に明日うかがう旨のSMSを確認のために送信、それに対して、OK、という短いメッセージが返ってきました。

これはたとえるなら、インドで働いているビジネスマンが突如東京にやってきて、東京大学の学長のアポイントをとるようなものです。無謀であり、失礼と考える人もいるかもしれません。

しかし、会いたいと切望することはまったく失礼ではありません。ただ、会ったは良いが実りない会話で終わることは失礼に値します。

学長は私に言いました。会いたいと言って本当に会いに来た日本人は君が初めてだと。

突如押しかけてミーティングをお願いすることは、何も悪いことではない

また、こんなエピソードもありました。2013年の暮れ、私は自身の2つめの会社が提供するECサイトの開発をシンガポールで進めていました。サイト開発の最終局面、決済機能の導入に差しかかっていました。

いくつかの選択肢がある中で、ペイパルというアメリカのサービスを使うことを検討していました。しかし、その意思決定をするには、いくつかの不明点が残っていました。それを検討してくれていたメンバーが2人いたのですが、その不明点が解決しないまま、1週間が経過していました。

なぜこれが解決しないのだ。議論は紛糾しました。メンバーが言うには、ペイパルにメールで問い合わせてみたが返事がない。載っている電話番号にかけてみたが、いわゆる普通のお客様センターにつながるので、らちがあかないということでした。

私たちのミーティング場所はとあるカフェ。その場で検索すると、ペイパル・シンガポールのオフィスは歩いて5分の場所にありました。メンバーはそのオフィスにはまだ行っ

ていないといいます。

私はお客様センターに電話をしました。確かに、いわゆる普通のお客様相談窓口で、決済したが商品が届かないことや、決済の返金などに対応するオペレーターが電話口に出ました。オペレーターの彼には私が知りたいテクニカルな内容はわかりません。

オペレーターに私は尋ねました。決済機能のテクニカルなことを法人向けに対応している部署名を知らないかと。オペレーターは親切に、可能性がある部署を2つ教えてくれました。**私はもうひとつ、オペレーターの名前と、どこのコールセンターで働いているのか、場所も聞き出しました。** 彼の名前はポールで、働いている場所は隣国マレーシアのクアラルンプールでした。

電話を切ったその足で私はペイパル・シンガポールのオフィスに向かいました。

受付で先ほど聞き出した部署名を言います。この部署の人間に会いたいと。受付のセキュリティの男性は、突然アポイントもなく現れた日本人を見ていぶかしみます。当然でしょう。そこで私はこう付け加えました。

「ペイパル・クアラルンプールのポールから連絡が行っているはずなんだ。その部署のジムだったか、キムだったかに、私に会うようにと連絡が来ているはずだ。ジミーだったか

もしれない。電話でよく名前が聞き取れなかった」（当然ながら、ポールから連絡が行っているというのは私のでっち上げです）

セキュリティの男性は言います。「ジミーはいないが、アニーならいる」と。

「そう！　アニーだ！」

私は声を張り上げ、アニーを呼んでくれるように頼みました。そして会議室に通され、5分ほどして怪訝な顔でアニーが現れると、開口一番、私はこう切り出しました。

「突然の訪問、申し訳ない。私が今度サービスを開始するECサイトで、ぜひ御社のシステムを使いたいのです。しかし、不明点が2つほどあって、問い合わせてもなかなか返事がこない。だからアポイントもなく突然来てしまった」

その後、どうなったかというと、彼女はアポイントなく突然来た私に謝罪をしました。サポート部隊が返事をしなかったことに対して。

今でも私のECサイトではペイパルのシステムが順調に稼働しています。アニーはことあるごとに、サイトの調子はどうかと連絡をくれます。

世界標準の仕事のルール12

「話がしたい」という1本のメッセージから始まるビジネスがある

非礼など考えなくていい

シンガポールやクアラルンプールなどアジアにいると、毎月のように突如見知らぬ人からメールが飛んできます。最近多いのはフェイスブックですが、電話、SMS、電子メール、リンクトインなど手段はさまざま。ビジネスのコラボレーションがしたい、話を聞きたい、とにかく会えないか。そんな内容です。

見知らぬ番号から突如私の携帯電話にかかってくることもよくあります。そういう電話は、+91から始まる場合が多い。ビジネスでコラボレーションをしないかという電話です。+91はインドの国番号で、ムンバイやデリー、バンガロールからもよくかかってきます。

どこで私の携帯電話の番号が出まわっているのか、少し怖い部分もありますが、私が運営しているECサイトや、プロデュースしているイベントなどとコラボレーションできないかという内容です。**インドの会社は営業のコールドコールをシンガポールまでかけてくるのです。**

リンクトイン経由でも突如連絡がきます。日本人の間では馴染みが薄いですが、世界で2億人以上のビジネスマンが使うSNSです。私はそこに自らのプロフィールと、時折近況やビジネスの今後のトレンドなどについてポストしているのですが(もちろん英語です)、ダイレクトメッセージでビジネスのコラボレーションができないかという連絡が毎月のように来ます。こちらは、オランダ、イギリス、スイス、フランス、ドイツ、スウェーデンなどヨーロッパの人が多い。

「来月シンガポールに出張するときに会えないか」「12月からシンガポールに赴任することになった」「ビジネスのコラボレーションができる気がするから会えないか」……。

実際に、ここから始まったコラボレーションはいくつもあります。私のＥＣサイトはＬＣＣ最大手のタイガーエア（Tigerair）とキャンペーンコラボレーションを実施したのですが、そのきっかけはリンクトインに突如送られてきたダイレクトメッセージでした。

タイガーエアのような、年間１００万人の乗客を運ぶ大手航空会社が、私の会社のような、10人にも満たない小さなスタートアップにアライアンスを持ちかけてくるのです。しかも、リンクトインというＳＮＳを通じて、突如メッセージを送ることで。

世界中には今20億人のスマホユーザーがいます。フェイスブックのアクティブユーザーは10億人以上。WhatsAppやWeChatなどのチャットアプリも世界中で普及しています。

ただ人差し指で、送信ボタンを押す。それだけで、世界中の誰かとつながり、そこから新しいものが生まれる可能性があるのです。

「○○株式会社　△様　貴社ますますご盛栄のこととお慶び申し上げます……」のような堅苦しい話はまったく入りません（冠婚葬祭など礼節を尽くす必要がある場合は除きます）。

海外で新しい相手とやり合う場合、

「Hi nice e-meeting with you, shall we have business collaboration? Just, why not have Skype call first?」

たとえ初対面の相手でもこれくらいシンプルなメッセージでも問題ありません。**日本人が考えるレベルの礼儀というものは、世界のビジネスシーンには存在しません。**

どんどんと打診をする。非礼など考えなくていい。とにかく会いに行く。そう行動し続けることで、人生は変わっていきます。

世界標準の仕事のルール 13

国境を越える通勤もありえる。世界でのワークスタイルに制限はない

リモートCEOという働き方

本書の「はじめに」でも述べましたが、私は２０１６年までマレーシアのクアラルンプールに住んでいました。当時、私が経営する会社はすべてシンガポールにありました。毎週のようにクアラルンプールからシンガポールに「通勤」していたのです。

国境を越えて通勤する――日本人にはまったく馴染みのない感覚だと思います。実はヨーロッパでは一般的です。ドイツからルクセンブルクへ。イタリアからスイスへ。フランスからオランダへ。ヨーロッパにはEU圏内であれば税関はなく、車で素通りで国境を越えていけます。優遇税制施策を求めてヘッドクォーター機能をアムステルダムやルクセンブルクに置くことはよくあります。または、より賃金の高い職を求めてスイスへ。そうした観点で「国境越え」のビジネスマンが数多くいるのです。

それはアジアでも可能となりつつあります。ヨーロッパほどの自由な行き来は難しい状況ですが、私はそれの先取りを実践していたといえなくもありません。

東南アジア界隈で最も一般的な「国境越え」は、マレーシアのジョホールバルからシンガポールへ通勤する人々です。ジョホールバルはシンガポールと川を挟んだマレーシアの最南端の都市で、税関の検問時間を無視すれば、車で30分でシンガポールに通勤することができます。国境越えをする人たちは、金融関係のビジネスマン、工事現場の労働者階級の方々、または学生も数多くいます。

シンガポールとマレーシアの国境越えでは、車から2回降りる必要があります。シンガポールからマレーシア、マレーシアからシンガポール、どちらも同じです。

シンガポールからマレーシアへ国境越えする場合、まずシンガポールの税関検査のために降り、パスポートを提示します。この場合はパスポートのみで、荷物は車の中に置きっぱなしで問題ありません。出国するため、荷物検査はいらないのです。

その後、シンガポールとマレーシアの国境を形成するジョホール海峡を橋で渡り、マレーシア側の税関で再びパスポートを提示します。この入国の際は荷物検査が必須です。

マレーシアからシンガポールへ入国する際は、シンガポール側でのみ荷物検査が必要となります。

シンガポール側、マレーシア側、いずれも入国審査の待ち時間はほとんどなく、5分ほどで済みます。入国審査というと長蛇の列、1時間、2時間待ちは覚悟する。そんな感覚を持っている人がいるかもしれませんが、この両国の国境越えは極めて効率的です。

さて、私は毎週のようにクアラルンプールからシンガポールに通勤していたわけですが、実はこの2つの都市の距離は、ちょうど東京－名古屋間の距離とほぼ同じです。日本ならば新幹線で1時間30分ですが、こちらではバスか飛行機しか手段がありません。2015年9月、シンガポール・マレーシア両政府が公式にシンガポール－クアラルンプール間の高速鉄道の建設を発表しましたが、それが完成するのは2022年の予定であり、まだまだ時間がかかります。私はいつもバスを使います。所要時間は5時間半から混んでいる場合で6時間ほど。途中2回ほど休憩を入れて、この時間です。

さて、この長距離バス。いくらで二都市を往復できると思いますか？　なんと、安い場合で2000円、高くても4500円程度です。往復の値段が、です。

実は、チケットはマレーシアで購入したほうが安い。この金額だとかなり劣悪なバスをイメージしがちですが、そんなことはありません。3列シート、座席には12インチのテレビも付き、映画まで観ることができます。席はリクライニング可能で、フルに背もたれを倒しても後ろの人にはまったく迷惑がかからない距離感。飛行機でいうビジネスクラスレベルの快適さです。しかも地上を走るわけで、ずっとインターネットにつながります。

関東圏では1時間から1時間半の通勤時間は普通だと思います。そして、地球上もっとも過酷な通勤ラッシュ。私もかつてはあの通勤ラッシュを経験していましたが、それとくらべれば、このバスでの5時間は快適です。

バスの中という閉鎖空間での5時間は、仕事に集中できて私にとっては非常に貴重で有意義な時間になっています。予期せぬ電話などで邪魔されず、快適なリクライニングシートで仕事に没頭できます。実は本書のほとんどは、このバスの中で書き上げました。

ミーティングはどこででもできる

バスの車内でテレカン（電話会議）もできます。日本の電車やバスのように、携帯電話の通話が禁止されることはありません。かといって大声を張り上げている人もいないので、車内は静かで快適です。

実は国境を越えながらのテレカンをしたこともあります。通常の音声通話ではなく、インターネット電話（フェイスブック音声やスカイプ）を利用し、税関を通過する際は、片耳にイヤホンをつけて臨めば、難なく通過可能です。通関の役人もテレカンの相手方も、私が国境を越えつつミーティングをしていることにまったく気づきませんでした。

もはや、どこにいても、どんな状況でも働くことができる。それを可能にしたのは、世界中に張り巡らされたモバイル高速インターネット環境、スマートフォン（あるいは、快適に使えるラップトップ）、そして円滑な遠隔コミュニケーションを可能とする各種アプリケーションです。特にチャット系アプリはコミュニケーションの変革を起こしました。

第3章95ページでもご紹介したように、チャット系アプリは非常に便利なツールです。ひと昔前、電話から電子メールへとコミュニケーションの変革がありましたが、電子メールからチャットベースのコミュニケーションへの変革は、それ以上の変化があります。今となっては、電子メールは過去の遺産。これほど非効率的なツールはありません。

電子メールは、読みにくい、管理しにくい、さらにスパムメールの嵐。もはや使うメリットがまったくない状況です。

あるお店の会員手続きなどの際、2005年頃までは携帯電話の番号を記入すると、「固定電話の番号の記入をお願いします」と言われたことがある人は多いと思います。今ではその逆で、固定電話だけを書いた場合、必ず「つながる携帯電話の番号もお願いします」と言われます。もはや固定電話は必要とされません。

それと同じように3年以内に電子メールはなくなるでしょう。正確に言えば、現在の電子メールのようなインターフェース、機能のコミュニケーションツールはなくなります。連絡先を聞かれたときに電子メールのアドレスを答えたら、それではなくチャットツールのIDを要求されるようになるでしょう。

電子メールが一般に普及して20年以上。これほど長寿のIT技術は他にありません。そろそろこの技術は終焉を迎えます。

いまだに電子メールを中心としたコミュニケーションをしているビジネスマンの方は、かなりの危機意識を持ったほうがいいでしょう。そのコミュニケーションコストは、最新のツールに切り替えれば3分の1以下に確実に減ります。

コミュニケーションをチャットベースに切り替えれば、距離感はゼロになる

私が個人的におすすめするアプリケーションに、チャットワーク（ChatWork）があります。私と同郷の大阪発のスタートアップが開発しました。そしてCEOの山本敏行さんは、社長にもかかわらず単身シリコンバレーに移住し、世界展開に挑戦しています。チャットワークはクラウドサービスであるため、パソコンでもスマホでもシームレスに使えます。このアプリがあるおかげで、リモートでも、シンガポールやマレーシアなど多国籍のスタッフとも問題なくコミュニケーションが可能となり、タスク管理が効率的にできています。

代表的なチャットコミュニケーションツールとしては、チャットワークの他に、エンジニアの間で普及しているSlack、日常のコミュニケーションとして普及しているフェイスブック・メッセンジャー、WhatsApp、WeChat、ＬＩＮＥなどがあります。ビジネスで使うのならチャットワークがもっともおすすめできます。

チャットをベースとしたワークスタイルというのは革新的です。それだけで本が１冊書

けてしまうほど魅力的な次世代のワークスタイルですが、ここでは簡単に紹介したいと思います。

革新的な点は3つ。ひとつは**非連続コミュニケーション**、2つめは**無意識情報共有**、3つめは**ナレッジの蓄積**です。

電話であれミーティングであれ、そしてもちろん電子メールであれ、コミュニケーションというのは自分と相手とのかけ合いです。言葉のキャッチボールです。チャットをベースとしたツールの場合、ひとつのセリフごとに情報が上から下に流れていきます。もっとも新しい情報が下にあります。これは電子メールと真逆です。よって話の流れは上から下にスクロールして読むことができるのです。LINEを使っている方はイメージしやすいと思います。

また、電話やミーティング、そして、同じオフィスの部屋で話しかける場合は、相手が今している作業を中断させる必要があります。相手は何かに集中しているときもあるでしょう。一言二言で済む用事をわざわざ相手の動きを止めさせて聞くのもはばかられます。

そこで、チャットに用事をポストしておくのです。相手は自分のペースで見たい時に見て、返事をしてきます。相手もチャットベースで返答します。こちらがしている作業を中断させない配慮です。

用事が3つや4つ重なるときもあるでしょう。その場合は、各要件について手短にポストしておくのです。相手はそれぞれの要件について、相手のペースで答えてくれます。

たとえ目の前に座っていたとしても、チャットベースでやり取りしたほうが実ははるかに効率的なことが多い。**自分のペースで非連続的に会話を続けられるので、オフィスにいようが、移動中だろうが、はたまたトイレだろうが、少しずつコミュニケーションを蓄積させていくことができる**のです。

電子メールの場合、過去のコミュニケーションを参照することが非常に難しい。長い会話の場合、延々と文字列が3メートルくらい続くこともあるでしょう。また、電子メールの場合、すべてのメールは過去のすべてのメール情報を内包しているので、その3メートルの中の情報のほとんどは重複情報であり、また時系列で読むためには、メールの最下部を見つけ出し、そこからメッセージを上から下に読み、次のメッセージを探すためにはもう一度上にさかのぼるという極めて非効率的な作業の連続となってしまうのです。

2つめの無意識情報共有という特徴ですが、上記のやり取りしているチャットグループに、その情報を知ったほうが良い社内のメンバーを加えておくのです。

情報は上から下に会話形式で流れていくため、他者も理解しやすい。そうしたメンバー間の質疑応答を公開しておくことで、無意識に情報共有ができてしまうのです。

3つめのナレッジの蓄積ですが、チャットワークなどビジネス向けのアプリケーションはほとんどがクラウドサービスとなっており、過去のコミュニケーションはすべてクラウド上に蓄積されています。そのため、過去の類似情報はすぐに検索可能であり、目当ての情報に関するメンバー同士の「会話」をいともたやすく見つけ出すことができるのです。

人間は、文脈で物事を理解する動物です。自分が持つ疑問点についての、他のメンバー同士の会話は非常に理解しやすい。会話の途中から読みはじめたとしても、だいたいの状況の把握が可能です。仮に不明点があったとしても、その「会話」のことをメンバーに聞けばよいのです。聞かれたメンバーも1週間前のあの会話、ということで、何について聞かれているのかすぐに判断できます。

私は大学生になった頃からパソコンの電子メールを使ったコミュニケーションで仕事を始めました。15年間電子メールを使いましたが、感覚的に**チャットベースに切り替えてから、仕事の効率は3倍以上になった**と思います。

膝を突き合わせて、同じオフィスで働く。もちろんそれも重要です。初期段階のスタートアップなら、朝から晩まで、いや24時間オフィスにカンヅメでサービスを開発し、語り合う。そんな熱い職場も重要です。対面で働くことの重要性は十分に承知しています。私も対面で繰り広げる熱い議論は好きです。

そのうえで、これからは、たとえ対面でなくとも、最高のパフォーマンスを会社として、チームとして引き出せるかがポイントとなってきます。

CEOが出張に行っている間は、さまざまな意思決定が遅れがちになる、では話にならないのです。**これからはチームメンバーがどこにいても（一緒にいても）、いつでも最高のパフォーマンスを発揮できる。そんな職場づくりが必要になってきます。**

世界標準の仕事のルール14

非合理なところからこそ、新しいアイデアや可能性が生まれる

船の上で生まれるイノベーション

イノベーション（変革、革新）という言葉はもう日本語として定着しました。イノベーター（変革者）という単語も最近よく聞くようになりました。

では、どうやってイノベーション、イノベーターを生み出すのでしょうか？

イノベーションと聞いて真っ先に思い浮かぶものは何でしょうか？

今では多くの人が、ｉＰｈｏｎｅとスティーブ・ジョブズと言うかもしれません。日本なら孫正義さんと言う人が多いでしょう。

では、どうやったらイノベーション（イノベーター）を生み出せるか？　偶然の産物？　孫さんのような人が現れるのを待つ？　それでは消極的すぎます。スティーブ・ジョブズ、ラリー・ペイジ（グーグル）、マーク・ザッカーバーグ（フェイスブック）。３億の人口を抱えるアメリカでさえ、世界中の人が知っているイノベーターはせいぜい10人程度です。つまり、１億人に１人。破壊的なイノベーターが現れる確率はその程度なのかもしれません。

全人類を変えるほどのスーパーイノベーターは、偶然の産物を待つとして、どうにかイノベーターを生み出せないか。世界中の人が求めてやまない課題だと思います。そして、世界の最先端ではどのようにしてそれにアプローチしているか。

その最先端の答えのひとつは、「船に乗る」です。

船に乗ったら、イノベーターが生まれる。

これが世界の最先端の手法です。考え出したのは、スタンフォード大学です。

船？　まったくもってピンと来ないかもしれません。カラクリはこうです。

その船には、600人の大学生が乗っています。そして、10人のスタートアップの経営者も乗っています。10人、つまり10社はそれなりに将来有望なアプリや技術を保有して、これから拡大しようという初期段階の小さな企業です。さらに、数人の投資家、スタンフォード大学などの教授も同乗しています。

投資家というと簡単な言葉ですが、そこはアメリカです。資産を100億円以上持っているような、そうした投資家です。光る会社を見つけたら数億円から数十億円の投資をするような、そうした人たちです。

そして、この620人程度の人たちが、90日間船に乗って航海します。

そうすると、イノベーターが生まれるのです。

船はサンフランシスコベイを出港し、途中、ハワイ、東京、シンガポールなどに寄り、インドまで向かいます。航海中、600人の学生は、10社のうち、どの会社でもいいのでインターンとして働きます。途中で変えてもかまいません。何が起こるか？

90日の航海です。ずっと海の上です。もうやることは、インターンとして働くスタートアップがどうやったら成長するか、どういうビジネスプランなら良いか、それを考えることしかないのです。

いわば、軟禁状態です。働き続ける、考え続けることしかやることがない。アプリの開発もできます。衛星通信のインターネットも用意されているので、海の上でもつながります。サーバーにアップロードすることもできるのです。

良いビジネスプランができた。良いアプリができた。ではどうするか？　同乗している投資家にピッチ（プレゼンをすること）をしにいくのです。投資してくれと。

太平洋のまっただ中、海の上で、数億円の投資が決まることだってあります。20歳そこそこの学生600人が、90日間もの共同生活で極限状態に追い込まれる。海の上で培われる絆はとてつもなく強いものになります。

なかには、インターンとして乗船している10社のスタートアップを手伝うことに飽き足らず、自ら船の上で起業する学生も出てきます。

実際、90日も航海している間には、何人も起業しはじめます。起業し、良いものができればすぐに投資家に会いに行きます。資産が100億円以上あるような投資家に毎日会いに行けるのです。なぜなら投資家も船の上で軟禁状態なわけですから。

仮に、乗船している投資家の専門領域の範囲外の事業アイデアの場合にも、大きな未来が広がっています。こんなことが起こりえます。

ある投資家が、学生のアイデアを聞いてこう言います。

「その領域は俺の専門じゃないんだ。でも、フランスのピーターという投資家の知人がその領域に関してはエキスパートだ。紹介するよ。よし、明日テレビ会議を設定しよう」

船の上から突如、地球の裏側の投資家へのピッチが始まるのです。

90日間、600人の学生、10社のスタートアップ。この90日の間に、いったいいくつのビジネスプランができ上がるでしょうか？　投資されることを目指したピッチがいったい何回繰り広げられるでしょうか？　いったい何人が新たにビジネスを起こすでしょうか？

1人の学生が毎日ひとつ、こんなアイデアはどうだろう？と考えたとします。すると、**5万4000個のアイデアが海の上を航海していくことになります。**

自宅の部屋で同じアイデアを考えついた場合、漠然としたままで終わり、何も結実しないかもしれません。いや、何も起こらないことがほとんどでしょう。

しかし、この船の上では違います。その漠然としたアイデアを、狭い船室のルームメイトに披露します。そうすればディスカッションが始まり、隣の部屋、夕飯の時、甲板で波風に吹かれながら、そのアイデアの深掘り、派生したアイデアの創出、そんなことがいともたやすく可能になります。

アイデアの中で突如、昆虫を活用したビジネスアイデアが出てきたとします。600人の学生がいれば、昆虫博士のような青年が必ず1人、2人いますから、すぐに疑問は解決します。宇宙博士だけど文学を専攻、古代文明にやたら詳しい法学部の学生、10個でも20個でも一瞬でクールなキャッチコピーを思いつく女の子。それぞれがさまざまな特技を持っているはずです。

そうした人間たちが、90日間海の上で軟禁状態、考えることしかやることがない状態となるのです。

もう一度、最初の問いに戻ります。

どうやったら、イノベーション（イノベーター）を生み出せるか？

そうです。「船に乗る」です。

このプログラムの名前は、Unreasonable at Sea。これは今考えられうる世界最先端のイノベーションを生み出す仕組みのひとつです。

90日間、3カ月です。600人の学生たちは、大学はどうするのでしょうか？　実は、これは単位になります。この船は、いわゆる課外授業と認定され、1セメスター（学期）

分の単位として認定されるのです。

この90日間のプログラムには続きがあります。たとえ船の上で起業しなくとも、投資が得られなくとも、何物にも代えがたいものを600人の学生は手に入れます。

絆です。

同じ釜の飯を食った仲間となるのです。600人は、全米のさまざまな大学から参加します。学部もさまざまです。アメリカ人だけでなく、当然留学生も多く参加します。むしろ留学生が多数派です。

600人が90日、船という閉鎖空間で共同生活をする。喧嘩もあるでしょう。もちろん恋もあるでしょう。毎晩飲み明かすこともあるでしょう。90日間キャンプファイヤーのような状態が続くようなものです。

この海の上での絆は、一生モノとなる。

つまり、この600人の学生たちは、下船してようやく船酔いから解放された頃、全米各地に散らばるあらゆる大学の、あらゆる学部の学生と強固な絆を手に入れているのです。

10年後、この600人でReunion（同窓会）が開催されるでしょう。多くは起業しているかもしれません。世界中の多種多様な分野の会社の第一線で働いていることでしょう。

これほど心強い絆のネットワークはありません。

90日間、船酔いに耐えながら、意識を朦朧とさせながらも事業アイデアを議論した思い出は、下船してから10年後、20年後、そして30年後、その学生の人生を大きく変えることになるのです。

この船が初めて出港したのは、2013年1月です。私はこの600人の学生たちと2013年2月に会いました。彼らがシンガポールに寄港した時です。今でもリンクトインやフェイスブックで何人かの学生とつながっています。

さて、質問です。当時、600人の学生の中に何人の日本人がいたでしょうか?

インド人、いました。中国人や韓国人もいました。シンガポール人ももちろんいました。タイ、インドネシア、マレーシアの学生にも会いました。

この年のプログラムでは、日本人はゼロでした。1人もいなかった。たった1人もその船に乗っていなかった。

悲しみが込み上げました。日本からアメリカに留学している学生は、2万人以上もいる。

しかし、1人もこの船員にはならなかった。もし自分が今学生なら、間違いなくこの船に乗ったでしょう。

同じ場所に踏みとどまっていても、新しいものは生まれません。**自分にとって慣れない土地、慣れない場所、今まで会ったことがない人たち、そこへ飛び込むことで初めて、今までにない新しいイノベーションが生まれる可能性が芽生えるのです。**

今いる場所にただ踏みとどまっていては、イノベーションが生まれる可能性すら生まれません。

非合理的なところからこそ、新しい可能性が生まれる

このUnreasonable at Seaというイノベーターを生み出す方法に触発され、私自身も実験的な試みを、実はしました。その試みの名前は、the CHAOS ASIAといいます。

船ではなく、イベントです。CHAOS、つまり混沌です。混沌アジア。Unreasonableから得たヒントは、ごちゃ混ぜということだと私は理解しました。

Unreasonable。つまり合理的に説明できないことの中から、イノベーションは生まれ

るのです。

the CHAOS ASIAでは、IT、医療、飲食、美容、NGO、建築など多種多様な分野の人間を無理やり集めました。最近、日本でもITスタートアップのピッチイベントは盛んに行われています。そのほとんどは、スマホの新しいアプリについてプレゼンする起業家で占められています。

私の中では、それでは単調で、合理的すぎるように感じます。そこで、the CHAOS ASIAでは、全登壇者は持ち時間3分のみ。Q&Aの時間も与えません。80人以上の登壇者を集め、それぞれが3分ずつ矢継ぎ早にピッチしていきます。

1人はスマホ新アプリを、続いては新しいレシピを披露するシェフ、その次はカンボジアの農村で学校を開いているNGOの女性、そしてタイで新しい美容サービスを開始した起業家、3分間美しいソプラノの声で歌を披露するアーティスト。前後の関係性もない、国籍も雑多（2013年開催時は30カ国以上でした）で多様なピッチが繰り広げられます。

共通しているのは、すべての登壇者は、自ら挑戦していることに「真剣」であること。観客も多種多様な人たちが集まります。

人は普段、自分の興味が赴くところに向かいます。それは当然興味のあるものを見ることができるからですが、そこには、良い面もある反面、想像もしない新しいことに出会う機会を逸している可能性もあります。

しかし、このthe CHAOS ASIAのイベントでは、今ご紹介したように多種多様なバックグラウンドを持った登壇者が、アプリだの歌だのNGOだのとまったく違った分野の話を矢継ぎ早にしていくのです。

国籍も数十。これは全地球の縮図のような状態です。そこで観客（登壇者も）は気づきます。まったく自分が知らなかった世界があることに。まったく自分が知らなかった世界で挑戦している人がいることに。

このthe CHAOS ASIAというイベントは私が経営するDiixiという会社でプロデュースを行い、これまで世界5都市（シンガポール、東京、バンコク、デリー、香港）で合計6回開催しました。登壇した人は延べ200人、観客は述べ2000人近く。数多くのボランティアスタッフに支えられてイベントを開催することができました。

このイベントがきっかけとなり、起業した人は10人以上（私が把握できているだけで）、資金調達に成功した人、新しいビジネスのコラボレーションもたくさん生まれました。

イノベーションは想定外から生まれやすい。机の前でうんうん唸ったとしても、なかなか新しいアイデアは出てきません。

ところが、散歩途中の公園の茂みで四つ葉のクローバーを探しているときにふと思いつくことがあります。また、人間を極限状態に追い込んだ時、火事場の馬鹿力のように、普段意識していなかった奥底の力が出てくることがあります。そんな状態を意図的に創り出そうとする試みがUnreasonable at Seaであり、the CHAOS ASIAなのです。

イノベーションを生むためには、船に軟禁する。表面上でとらえたら、無茶苦茶です。しかし、そんな非合理的なところに新しいアイデアのヒントは隠されているのです。

世界標準の仕事のルール15

「今のアジアのスタートアップと対峙するとき、そこにはアメリカの前線で戦い生き抜いてきた若者がいる」

日本のスタートアップよりはるかに巨額の資金調達に成功している企業がアジアにはある

２０１１年から２０１２年にかけてグリーにいたとき、同社の海外展開を担っていました。在籍中、東南アジアとインドを主に担当していたのですが、１年ほどの間に５００社以上のスタートアップを見てきました。同社にとって有望な買収候補を探すためです。

２０１１年は、日本はまだ今（２０１８年）のようにスタートアップ界隈が盛り上がる前でしたが、ソーシャルゲーム業界で急成長し、莫大な利益を生み出したいくつかの会社が積極的に海外展開を推進していました。グリーもその一社でした。

２０１１年当時は東南アジアやインドのスタートアップは、まだ元年という印象でした。各国にめぼしいスタートアップはありましたが、各国数社というレベル。私もさんざん東南アジアとインドを駆け巡りましたが、買収したい（もしくは出資したい）と思えるのは、５００社見て10社という状況でした。

しかし、２０１４年6月、マレーシアのＭＯＬ（プリペイドサービスを提供）が米ナスダック上場。日本のスタートアップでいまだかつて、ナスダック上場をはたした会社はありません。同年12月、マレーシアのGrab Taxi Holdings（タクシーなどの配車アプリ）に対してソフトバンクが2億5０００万ドルを出資。同社はさらに２０１5年8月、シリーズEとして3億5０００万ドルを資金調達。設立4年で約7００億円を調達したことになります。

日本にはこれほどの金額を調達したスタートアップはいまだかつて現れていません。

インドの不動産ポータルのHousing.com は２０１4年4月、6月と立て続けに資金調達。合計３7００万ドル。洗練されたユーザーインターフェースとユーザーエクスペリエンスを持つ彼らの設立は２０１２年6月で、わずか設立2年のインドのスタートアップが40億円以上を調達したのです。現在も、紛れもなく世界最高の不動産ポータルサイトのひとつとなっています。Snap deal。インドのECサイトです。２０１０年1月設立の同社は設立から5年半で２4００億円の調達に成功しています。

日本では２０１4年の1年間にスタートアップが調達した資金の全総額が１１5０億円

です。全スタートアップの総額で1000億円程度です。1000億円。大きな金額です。ですが、マレーシアのスタートアップ1社で700億円の資金調達。インドでは1社で2400億円の調達。**いかに今アジアのスタートアップに勢いがあるか**がわかると思います。しかもこの大きな変化が起こったのは、この4、5年です。私がグリー時代に見ていたときからも大きな変化を感じます。

総額2400億円を調達したSnap dealは、私がかかわっていたとあるプロジェクトで数年前に買収候補として名前が挙がりましたが、その当時ですらバリュエーション（企業価値評価）が高額すぎて手も足も出ない状況でした。

実は先ほどのGrab Taxi、Housing.com、そしてSnap deal。すべてに日本のある企業が投資しています。そうです。ソフトバンクです。アリババへの投資で約8兆円の含み益(上場当時）を得たソフトバンクですが、東南アジアとインドにおける投資でもまた数年後、巨額の利益を生み出しそうです。

アジアのスタートアップは沸騰しています。強気です。私も買収プロジェクトにいくつか携わってきましたが、ほぼすべての日本人が初めての買収で感じます。

高いと。

しかし、その高いバリュエーションの裏には、それだけ先進的な特徴を保ち、今後アジアだけでなく、世界を席巻する可能性を秘めているのです。

世界最先端のサービスは、東南アジアでも、インドでも生まれようとしています。負けるな日本！　そう言いたくなるのは私だけでしょうか。

アメリカ帰りのアジアの若者に注目せよ

2012年、バンコクで創業1年数カ月のスタートアップの買収交渉をしていました。相手の社長は20代後半のタイ人の青年です。買収交渉では通常、事業評価（技術力、財務状況、顧客基盤の評価、ビジネスプランの評価）を行い、それをデュー・デリジェンス（DD）といいます。DD交渉におけるアジアのスタートアップの経営者は、若いとはいえ、非常にしたたかです。その青年は、米UCバークレーで博士号を取得し、ピクサーで働いていた元エンジニア。

日本でエンジニアといえば、アプリ開発には長けていても交渉などは苦手、そうしたタイプが多いですが、アジアではそんなことはありません。エンジニアでもプレゼンテーション力が高く、しぶとい交渉をしてくる人材は数多くいます。

その青年は、私の切り返し、あらゆる角度の質問にも食らいついてきました。対応しきれないものは、翌日には切り返してくる。コンサルタント時代の同僚にも、ここまでロジックを組み立てて反論してくる人間はなかなかいない、そんなレベルでした。

私は日本でも買収交渉をしてきましたが、バンコクの例など、アジアの経営者のほうがタフな印象があります。私は関与していませんが、先に挙げたインドのHousing.comの経営陣は米ＭＩＴ卒です。今、アジアのスタートアップの経営層の多くはアメリカ帰りです。

２０１１年以前は、アメリカに留学した若者はアメリカンドリームを追いかけていましたが、ここ数年、自国に戻って起業するケースが増えています。これは、自国の発展によって起業するターゲット国として魅力が上がってきたこと、そしてベンチャーキャピタルなどの環境が整備されてきたことが挙げられると思います。

アジアをまわっていて目に留まるスタートアップの経営陣は、そうしたUターン起業家がほとんどを占めます。アメリカという過酷な環境を生き抜いてきた若い彼らは、日本の同世代の起業家よりもはるかにしたたかで、交渉で粘り強い。

ここで、タイは1人あたりGDPが日本の4分の1程度でまだ発展途上の国だという認識で交渉に臨むと、確実に足元をすくわれます。むしろ東南アジアやインドで買収交渉することは、日本のそれよりも金額面でも、交渉難度でも上であることのほうが多いのです。

世界標準の仕事のルール16

海外展開がうまくいかないとしたら、そこには3つの理由がある

海外展開が失敗してしまう3つの理由

どうすれば海外で勝てるのか？　永遠の命題のようにも思えるフレーズです。いや、その前に、いつから海外で勝てなくなったのでしょうか？

海外展開の話をする際、いつも起こる議論があります。ローカライズするべきか。日本で提供しているそのままを持って行くべきか。しかし、そんな弱気では、勝てるものも勝てなくなります。

どうすれば勝てるのか？　その決定打はなかなかない。一方で、**なぜ負けたのか。そこにはいくつかの共通点があります。**

理由1：トップが海外展開を直接指揮しない

創業期の苦しみは、どの創業者も知っているはずです。

海外展開するということは、第二の創業なのです。自分が生まれ育った国ではない国での展開です。この第二の創業は、最初の創業よりむしろ難易度が高いのです。

創業期のあの過酷な苦しみを知っているにもかかわらず、**トップ自らが陣頭指揮を執らない海外展開が行われることがあります。そうした展開はことごとく失敗します。**

その国とそのマーケットに精通する人間を新しく雇うことは必須（もしくは社内からの選抜）です。そのうえで、トップ自らが陣頭指揮を執る必要があります。理想的には、トップ自らが展開する地に移住し、そこで奮闘することです。

ただ現実問題として、成長する国内事業をおいて、トップ自らが彼の地に行くことはなかなかできません。その場合は、進出する地に信頼できる責任者を置き、その人間とトップが二人三脚で事に当たる。その体制が組めないのであれば、その地域への進出は先送りにする。その判断が賢明だと思います。

ここでいうトップとは、代表取締役社長やCEOでなければならないわけではありません。予算権限と意思決定権限がありさえすれば、役職など何でもかまいません。複数の国に一度に展開する場合も同じです。現地とトップで二人三脚の体制が構築できないのならば、展開する地域を減らすべきです。

特に急成長中のスタートアップの場合、初めての海外展開の場合はなおさら成功確率は低くなります。すでに数カ国へ展開済みで、そのうえでの新たな地域への展開の場合、トップ自らがかかわらなくとも、それまでの海外展開で責任者を務めてきた人間が陣頭指揮に立てば、成功確率は上がるでしょう。

初めての海外展開は、第二の創業なのです。しかも第一の創業よりもより困難なのです。多くの企業は、日本で成功を収めたあとで海外展開する場合が多い。資金的にも問題がなく、国内の成長の勢いで海外展開を推し進めようとする。日本国内で成功してきたが故に、海外展開に対して過信が生まれる。最初の創業よりも困難なものへのコミットメントが、国内の二の次となる。それでは失敗してしまいます。

先ほど、国内事業をおいて、なかなか攻めるべき地に移住はできないと言いました。しかし、それくらいのコミットメントをしなければ、新しい国での事業は簡単には離陸できません。国内事業はそれまで成長させてきた市場。そちらはナンバー2や副社長に任せてリモートでマネジメントするのでもよいはずです。

現地法人トップと日本の本社トップとの間に、日本本社側に海外展開担当役員を配置する。その組織体制で臨む海外展開は初日から失敗の道に突き進みます。現地に、現場に、事業をゼロから立ち上げられる人材を配置しなければ、離陸しないのです。

理由2：ローカライズによる展開をはかっている

海外展開といえば、まず初めに話題となるのがローカライズ。しかし、**世界を席巻するために、ローカライズは必要ありません。**世界を席巻することを目指すのならば、ローカライズのいらない商品・サービスを生み出せば良いのです。

困難なことを簡単に言うな。そう怒られそうですが、ローカライズをして展開する時点で、終着駅は決まってしまいます。1国、1国の展開になってしまうのです。

SONYのウォークマンやプレイステーション、任天堂のファミリーコンピュータ、HONDAの自動二輪車、Windows、iPhone、フェイスブック、Dropbox。アメリカでも、日本でも、アフリカでも、世界中どの国でも同じ製品・サービスが使われています。スーパーマリオブラザーズ、ドラゴンボール、スターウォーズ、アナと雪の女王（Frozen）、ハリー・ポッター。**世界中で愛されているコンテンツに共通していること。**

それはローカライズがないことです。

世界を席巻する製品・サービスにローカライズはありません。言語の翻訳、宗教上の理由からの補正など小さな修正は必要となります。しかし、その製品・サービスが持つ本質的な部分はいっさい変わっていません。そうでなければ、世界を席巻できません。

日本でうまくいった事業を世界展開する際に、まずはアメリカで。まずはアジアで。そういう地域論もあります。そしてそこでの展開を目指したローカライズ。しかし、**ローカライズして世界展開を目指すのであれば、地球にローカライズする視点で臨むべきです。**

昔にくらべ、ローカライズの必要性はどんどん小さくなってきています。世界を流れる情報の地域格差がなくなっているからです。どこかの国で流行ったものは、ソーシャルメディアなどを通じて国境をいともたやすく越えて行きます。どの国の人も、本来生まれた本物を求めているのです。

食でさえもローカライズの必要性は小さくなってきています。たとえば日本のラーメン。もはやローカライズの必要はなく、日本と同じ味のラーメンがアメリカでも、アジアでも受け入れられています。中国や台湾、アジアの国の麺類の食べ物は「Noodle」ですが、日本のラーメンは「Ramen」です。「Noodle」ではない。博多のとんこつ味、東京の味、味噌味。パスタやスパゲッティのことを私たちはイタリアうどんとは呼びません。パスタはパスタです。パスタはヌードルでもなければ、ラーメンでもない。

ラーメンは「Ramen」なのです。

ローカライズのいらない製品・サービスを生み出せば良い。たしかに困難なことです。こんな講釈を垂れている私も生み出せていません。ただ、1カ国1カ国ローカライズして世界展開していくことと、ローカライズのいらない製品・サービスを生み出すこと。どちらが困難か。

実は世界には、後者しかありません。あらゆる地域でローカライズして広めたサービスなど、おそらく世界にはひとつもないのではないでしょうか？

海外展開の際に、ひとつめの国で大きなローカライズをして展開していく。その地域での展開のために、どんどん補正し、売上を拡大していく。その後、次の国、違う地域へと展開し、また地域に合った形へローカライズを繰り返していく。そんな展開の仕方は、いまだかつて誰も成しえたことのない困難な挑戦なのです。

繰り返します。世界を席巻するために、ローカライズは必要ない。**必要なのは、どのような製品・サービスならばローカライズが必要なくなるだろうかという視点です。**

地球規模で世界を見通し、人々のニーズや未来を先まわりする。そうして生み出された製品・サービスが、ローカライズされることなく世界を席巻していくのです。

理由3：事業拡大という捉え方で海外展開を進めようとしている

ローカライズがいらないほどの、世界を席巻できるサービスを作れ。などと、かなり乱暴なことを言いましたが、多くの海外展開ではそうはいかない。それほどの革新的な製品・サービスを生み出せるのは数少ない企業だけだ。それができるものなら、とっくにやっている。そういうお叱りを受けそうです。

ただ、不可能ではない。重要な視点は、**日本からはローカライズすることなく世界を席巻した製品・サービスが数多く生まれてきたという事実です。**

とはいえ、各国への展開のためにローカライズを繰り返し、どうにか地場に食い込み、その国での事業を拡大していくことが、まだまだ一般的です。

現地トップとして優秀なローカルの人材を採用した、その人材の国籍は関係ありません。日本人でも、現地の人でも、違う国の人でもいいでしょう。地場に食い込むべく、ローカルのあらゆるネットワークに積極的に入っていった、ローカルのニーズを把握し、ローカライズの限りを尽くした、事業計画を練り、必要となる資金を日本から注入した、それでも海外展開が失敗する場合があります。いや、失敗することのほうが多いのではないでしょうか？　なぜでしょうか？

共通していることがあります。その海外展開を、日本のビジネス事業の拡大という位置づけで進めていることです。事業の拡大という進め方でやる以上、失敗する確率は高くなります。**海外へ進出するということは、その国で創業するということです。**日本で売上10億円を作り上げたビジネスであれ、違う国で始める場合は、ゼロから生み出すことになります。東京から大阪に拡大する。九州に拡大する。それとはわけが違うのです。

事業拡大の成功確率と、創業の成功確率を同等に扱ってはいけません。日本で事業の拡大に成功した人材を海外展開の現地トップに据える。実はこれは理想的な登用ではない場合もあります。１００を１１０にしていく事業拡大に必要な素養と、０から1を生み出していく海外展開における創業で必要とされるスキルセットは、大きく異なるためです。もちろん、その両方を持つ人材も中にはいるでしょう。１００を１１０に事業拡大していくことのほうが簡単というわけではありません。適性の問題です。

いかに日本で成功していようが、彼の地に参入する際は、新たな事業を創造するという姿勢で臨まねばなりません。日本で成功していればしているほど忘れがちになりますが、創業期の産みの苦しみを知っていたはずが、なぜこれが「拡大」できないのかとなってしまうのです。

多くの日本企業が、海外展開の際にこのような過ちを犯し、撤退していきます。だからこそ、私は海外での創業にこだわって、これまでビジネスの展開をしてきました。海外への進出、または海外での起業。この15年でそんな場面を何十と見てきました。

「いますぐ、世界展開始めませんか？」をキャッチコピーに、私はクラウドセカイというサービスを２０１４年に開始しました。当初は、世界展開特化型のクラウドソーシングサービスとして展開していた（海外展開したい企業とその実行を推進するパートナーのマッチング）のですが、これはうまくいきませんでした。当初の事業目論見は失敗しました。

その要因は、海外展開はあくまで創業で、事業の展開ではないこと。つまり、「パートナーをマッチングするだけ」には限界があったのです。マッチング自体は良いサービスが提供できたと自負しています。しかし、そこからの「創業」がうまくいかない。

マッチング後に、どうしても「事業を拡大」するスタンスでクライアントは進めてしまい、頓挫する場合が多いのです。何社も支援したのですが、そのすべてが結局自分の手から離れませんでした。今は事業の方針を転換し、ハンズオンで海外展開の「創業」「立ち上げ」に携わることにフォーカスしています。

世界に事業は拡大できません。各国で生み出していかないと始まらないのです。

世界標準の仕事のルール17

海外には、日本の市場環境とは違う、その国ならではのチャンスが確かに存在する

シンガポールにはチャンスが転がっているのか？

ここ数年、経済成長も相まってシンガポールが注目を集めています。アジアのシリコンバレーとなりえるでしょうか。

シンガポールでは1日で会社を設立することができます。登記はインターネットで1時間もあれば完了し、その足で銀行に行けばその場で法人口座の開設手続きが可能です。5営業日ほど待てば、口座が開設されたとの連絡があり、資本金の入金が可能です。全体でも1週間あれば、すべての手続きが整います。日本と違い、社判も必要ありません。

定款はいたってシンプルな内容で、日本のような厳密性は求められません。法人税は17%で、日本の半分以下となっています。

シンガポールは東南アジアの中心です。インドも中国もシンガポールの情報はウォッチしています。つまり、シンガポールでビジネスを展開し、メディアなどで取り上げられた場合、瞬く間に東南アジアと中国、インドに知れ渡ります。ヨーロッパにもその情報は届きやすい。

飲食店の場合、1店舗目を開業してから数カ月のうちに、バンコクやジャカルタの飲食店事業者がフランチャイズをしたいとアプローチしてきます。
私が経営するＥＣサイトも、毎月のように、インドやヨーロッパ、そして中国からパートナーシップの打診が来ます。そのＥＣサイトは創業してからまだ2年も経っていませんが、すでに10カ国のパートナーと取引をしています。

シンガポールには富裕層も多い。数十カ国から投資家も集まってきます。日本人投資家には興味が薄いビジネスでも、違う国の投資家にとっては、喉から手が出るほど始めたい場合もあります。そのような多様な可能性を見出しやすい。その大きなチャンスがシンガポールにはあります。

また、シンガポール政府とのビジネスも非常に面白い側面があります。ＰＰＰベースでは1人あたりＧＤＰが日本の2倍になったシンガポール。日本に次ぐ、アジアの奇跡として、この政府の手腕を世界中が注目しています。

シンガポール政府の最も優れた点は、動きが極めて速いということ。２０１５年11月にも、グーグルのCardboard VR Viewerをシンガポールの学校で活用することを決めました。

これはアジア第一号です。良いと思えばすぐに動く。1カ月で決めます。

実は、私の会社のYourwifiが提供する出張者向けのポータブルルータについても、シンガポール政府はすぐに動きました。2015年8月には、全スタッフの全出張において、こうしたポータブルルータを活用するようにとの指示が出たのです。おかげさまで、全シンガポール政府機関の指定業者となり、対応させていただくことになりました。

日本人が立ち上げた2年に満たないスタートアップのサービスを、シンガポール政府全職員の出張で利用する方針を決定したのです。これは日本の役所にはできないでしょう。

海外はフロンティアだがユートピアではない

これだけ並べると、シンガポールは日本にくらべ、ビジネスや起業に向いていると思われるかもしれません。一方で、シンガポールには次のような事業環境もあります。

日本人が起業（もしくは赴任）してビザを得るためには、700万円から1000万円程度の所得があることを申告しないとビザが下りません。その場合、たとえば1000万円でビザを申請した場合の所得税は15％で150万円ほどになります。自身が起業した会社が給与を出そうが出すまいが関係ありません。所得税はビザ取得時に申告した給与以上で計算されます。控除額はありません。所得税の最低ラインが150万円となります。

つまり、起業した初年度の売上が1000万円として、諸経費で500万円、自身への給与に500万円を割り当てた場合、法人税はゼロになりますが、自身が払うべき所得税は150万円となります。つまり、実質給与は500万円ではなく、350万円となってしまいます（税制は都度変わることもあるので、最新情報は当局にご確認ください）。

また、事業が拡大しつつあり、新たなスタッフを雇いたい。そうなった場合、外国人スタッフを雇うことは非常に難しい。外国人を雇うためのビザにはEPとS-Passの2種類があります。EPは、世界トップレベルの大学卒を専門職、管理職として雇う場合で、25歳で30万円ほど、30歳を超えたら40万、50万円ほどの給与を出さなければビザが取得できません。

トップレベルの大学卒ではないが優秀だから雇いたいとなった場合、S-Passになります。しかし、S-Passの場合は、シンガポール人を3人雇って初めて外国人を1人だけ雇うことができます。

シンガポールのビザ政策は非常に合理的にできています。世界トップレベルと表現していますが、これに該当する日本の大学は5校程度です。世界大学ランキングで自動的に判断されてしまいます。ちなみに、慶應義塾大学と早稲田大学もランキング外です。

つまり、東大卒の25歳ならば、30万円でもEPビザが取得できますが、日本のその他の世界大学ランキング外の国立大や私大卒の25歳の若者は、それより高い給与を出さなければビザが下りにくくなっているのです。非常に申し上げにくいのですが、短大卒の場合、さらに高い給与で申告しなければ、ビザは下りません。高卒の場合はさらに高い金額でのビザ申請が必要になります。

所得税の最低額はビザ申請時の給与で自動的に決まります。狭い国土（東京23区とほぼ同じ面積）のシンガポールは人口をコントロールしています。優秀な人間、所得が多い人間を優遇し、そうでない人間には厳しいハードルを課します。

極めて合理的な施策となっています。日本人的な感覚でいえば、かなり冷たい政策です（ビザ政策は、年ごとに規制強化と緩和が変わる場合があります）。

たとえば35歳で給与は30万円だが、どうしても雇いたい人がいる。その場合は、シンガポール人を３人雇い、４人目の社員としてＳ−Ｐａｓｓを申請することになります。インターンも雇えません。創業期のスタートアップは、インターンの活用がかなり重要ですが、シンガポールでは難しい。

まず、留学生のインターンは基本的に禁止されています。雇えません。シリコンバレーの場合、世界の多様な国から来た学生が、そこかしこのスタートアップでインターンとして働きます。そうした多様なバックグラウンド、優秀な若者たちが活躍していますが、シンガポールの場合、それは不可能です。

もし留学生をインターンとして雇って働かせていれば、その留学生は強制送還となる場合もあります。雇ったスタートアップは操業停止ということもありえます。インターンは勉強だから、無報酬でも働きたいという学生もいます。しかし、無報酬で勉強として働くことも基本的に禁止されています。

オフィスの賃料は東京の約3倍です。狭い３畳程度の２人部屋のレンタルオフィスで、月の家賃は20万円ほどします。第１章でも紹介したように、新卒の学生でも給与交渉をしてきます。雇うためには、30万円から40万円は必要になります。

つまり、起業して自身の右腕となる人材を仮に日本（または外国）から迎え入れようとした場合、５人部屋のオフィス、３人のシンガポール人の雇用、右腕となる人材の給与で、合計月に２００万円近くの運用コストがかかってきます。自分への給与を除いて、です。


多くのシンガポール人はコンサバです。日本では、シンガポールのことをアジアのシリコンバレー、スタートアップが集まる都市というとらえ方をしていますが、そんなことはありません。

同様に、シリコンバレーに住む学生も多くはコンサバです。東京も同じくコンサバです。ほとんどの若者は、大企業志向、安定志向、より給与が高い会社を目指します。**スタートアップや起業を志す人の割合は、実はこのシンガポールもシリコンバレーも東京も、大きな違いはありません。**

世界中どの国でも、起業やスタートアップに参画するなどのリスクをとる人の割合はほとんど同じだと思います。彼らは1日20時間でも働きます。

日本とシンガポールとの違いは、一般的な若者の勤勉さではないでしょうか。日本でもシンガポールでも起業家は１日何時間でも働きますが、普通に勤めているシンガポールの若者は６時でさっさと帰っていきます。大企業であれスタートアップであれ、同じです。年間11日の有給が法律で定められていますが、入社した翌週でも、普通に有給を使います。

一方、日本の若者は、働きはじめたらそこから何かを学ぼうと必死です。夜10時、11時になっても働く若者は大勢います。彼ら彼女らは必死に頑張り、へばりついてきます。シンガポールをはじめアジアでは、そんな若者を見るのは極めて稀です。

「どこかに行けば成功しやすい」←それは幻想

法人税率17％という数字だけが一人歩きし、シンガポールは起業に向いている、スタートアップ天国という話がありますが、実際はそんなことはありません。それぞれの国にはメリット・デメリットがあります。

５年前であれば、日本は起業が難しい環境でしたが、今はだいぶ違います。ベンチャーキャピタルも多く現れ、スタートアップ志向の若者もたくさん出てきました。人材面、コスト面のどちらをとっても非常に起業しやすくなっているのではないでしょうか。

シンガポールでもこのような状況です。他のアジアの国やアフリカなどで起業する際の困難さは言うにおよびません。ただ、シンガポールと違う、他のアジアや新興国でのメリットもあります。人件費の安さです。**シンガポールで優秀な若者を1人雇う給与があれば、ジャカルタやホーチミンでは5人から10人のパッションある若者を雇うことが可能です。**

平均的にいうのは乱暴になりますが、アジアの若者の勤勉さに仮に序列をつけるとするなら、日本、韓国、中国を筆頭に、続いてベトナム、タイ、マレーシア、そしてインドネシア、シンガポールの順という感覚を持っています。これに当てはまらない場合は多々ありますが、もし平均を語るなら、私の経験ではこの順番です。

東京には東京の、シンガポールにはシンガポールの、そしてシリコンバレーにはシリコンバレーのメリットとデメリットがあります。あの国に行けば成功する。そんなユートピアはありません。

どこでやるかは問題ではない。あなたが何をするか、誰とするかが問題となるはずです。

第4章 世界標準の交渉の流儀

交渉。日本人が苦手なキーワードな気がします。しかし、何も難しいことはありません。人のことを慮《おもんぱか》る日本人は、相手に配慮するが故に、なかなか主張できない。そのため、交渉下手といわれる。

ここまで言っても良い。その線引きが考えていたよりもずっと向こうにあるということを知れば、あなたも交渉上手。海外で生き抜く交渉の現場で、どこに線引きがあるのか。筆者自身の失敗談も交えつつ、この第4章では、その交渉の流儀をお伝えします。

世界標準の仕事のルール18
アジアの現場から　〜インド編

値切るときは、どこまでもしたたかに

言われた値段の10分の1を提示する

私「How much?」
―「It's 500 Rupee（約1000円）」
私「Hmm, OK, if 50 Rupee, then I buy」

アジアをバックパッカーで旅していた時代、何かを買おうとして、ボラれることもありました。そうならないためにも値切り交渉をするわけですが、大阪生まれ大阪育ちの私は、最初の頃こそ楽しんでいたものの、数年も経つとただ面倒くさいだけという状態に。

そこで編み出したのが**「10分の1の法則」**です。何かを買おうとしたとき、相手に言われた値段の10分の1で必ず切り返すというものです。

間髪いれずに切り返すというのがポイント。何も考えません。0・1秒で、相手が言ってきた値段の10分の1で切り返すのです。

ここで重要なのは、最初に自分から値段を言わないことです。いくらだ？　と聞くと、たいていのお店の親父は、いくらなら買う？　と切り返してきます。交渉は先に値段を言ったほうが不利です。

世界中を旅してきましたが、10倍ふっかけられることは稀です。だから10分の1をオファーします。冒頭の例だと、すぐに３００ルピーまで下がります。

―「How about 300 Rupee?」

私「No, 50」

―「Then, 290 Rupee?」

私「No, 50」

―「OK! Boss, my friend, 280 Rupee. OK, you take」

私「No, no, 50 Rupee」

決して最初の自分のプライスを上げてはいけない。そのうち、相手の言い値の下げ幅が小さくなってきます。そのあたりが相手にとってもゴールということが見えてきます。

ここまで来たら、次に私がとる戦略は、**「Bye, return, & half」**です。

私「OK, I don't buy, I will go other shops, Bye」
―「No, no, Boss. OK, how much do you buy?」
私「Hmm, How about 100?」

そうです。お店から去ろうとするのです。ここで店主がすかさず引き止めてくるときは、まだ半値までいけます。つまり140ルピーまではいけるはずなのです。

よって、私は140ルピーをゴールに設定します。140ルピーならば買っても良いと判断します。そして、相手に言う値段は決して140ではありません。落としどころを140にしたいのなら、こちらのオファー金額は100程度から始める必要があります。故に、「Bye, return, & half」です。

ここでお店を去ろうとしても、あまり引き止めてこない場合もあります。それはもう値下げ幅の限界が近いサインです。相手も長年店をやっているプロです。相場を知っている旅人や、値下げ要求の強い客の相手をするよりも、楽にぼったくれる人をターゲットにしようとなるわけです。引き止められない場合は、20％引きくらいをゴールにします。この場合だと、２３０ルピーくらいでしょうか。

実はたまにしか使いませんが、最終手段があります。「No more money」戦略です。今回の例だと交渉の末、１７０ルピーまで下がってきたとします。私もしかたなく折れてそれで了承します。そしていざ払おうとした時に、左のポケットから札束を出します。20ルピー札です。９枚出して払おうとするが、６枚しかない。右のポケットを探る。いつもコインを入れています。ポケットに入っているコインをすべて出し、カウントする。全部で１４４ルピーしかない。

私「Oh, no more money, I don't have no more, I need to come back hotel to bring 200 or I give up to buy it」

財布を持ち歩かない。有り金すべてをポケットに忍ばせておく。それが払える限界金額という演出をするのです。ここまで来たら、さすがに店主もまいったという表情で苦笑いです。私はズボンのポケットを両手でたたいて、もう何もないというジェスチャー。

―「OK brother, you take it, ok, you are very genius」

私「No, no, you took all my money!」

さて、このあと、私と店主の関係はどうなると思いますか？

1週間ほどその街に滞在する過程で、その通りは幾度となく歩きました。そのお店の店主の前を何度も通り過ぎます。そのたびにお互い声をかけ合います。もはや厳しい戦いをお互いくぐり抜けた、ある種戦友のような状況になるのです。会うたびにお互い笑顔を向け合うようになります。

世界標準の仕事のルール19
アジアの現場から　〜中国編

いわれのない理由でプロジェクトが頓挫することもある

通訳が波乱を呼ぶ

私は野村総合研究所で10年ほどコンサルタントをしていたのですが、その間さまざまな国へ進出するプロジェクトのリーダーを務めました。野村総研のコンサルティング部門というのは、外資コンサルファームからくらべればドメスティックな会社です。あとからわかったことですが、ドメスティックだからこそ、私にとっては都合が良かったのです。

入社1年目から韓国でのプロジェクトに入ったのですが、それ以降は自ら営業して海外展開関連のプロジェクトを何本も受注しました。外資コンサルと違い、各国に拠点はありません。だからすべて自分で現地に飛び、現地で走りまわる必要があるのです。

海外ネットワークが豊富な企業なら、現地法人に協力を仰ぎ進めるところですが、現地に誰もいないことが逆にプロジェクトを面白くしたのです。コンサル時代の10年間で本当に貴重な体験をさせていただきました。

２００４年から3年間ほど、中国でのプロジェクトを多く進めていました。これからは中国。この巨大な国で暴れまわれるビジネスマンになろうということで、狙ってプロジェクトをとっていました。

あるプロジェクトで、その事件は起きました。日本で展開していたサービスを中国へ進出させる話でした。スキームとしてはＪＶ（ジョイントベンチャー、合弁会社）です。戦略についての議論、両者の役割分担、どういう出資をするか、さまざまな議論をしました。

３カ月にわたるプロジェクトです。交渉は基本的に英語です。出資は日本企業（私のクライアント）と相手企業の他に、そのＪＶのトップに立つ中国人が個人的にも出資したいという話になっていきました。

最終局面での交渉の場、私は念のためと思い通訳を連れていきました。中国人の通訳です。相手も英語が話せたため、実は必要はなかったのですが、それが裏目に出ました。ミーティングが長期化し、煮詰まった話になってきたとき、相手の中国人が、私の通訳を責め立てはじめたのです。

私は、これからは中国だという思いから、中国語を勉強していました（今現在でもほんの片言しか話せません）。中国語はとにかく発音が難しい。話しているつもりなのに、まったく通じない。書いていることは読めます。われわれ日本人にとって、漢字を読むことは苦ではありません。少しの文法と、日本語と中国語でまったく意味が異なる漢字を数百個ほど覚えれば、日常困らない範囲で中国語は読めるようになります。聞き取りもなかなか難しい。方言の訛りで、まったく別の言語になる印象を持ちます。ただ、話すよりはまだ難度は高くない。

私の通訳に対して、相手の中国人が責め立てます。半分も私は理解できなかった。しかし、おおよその推測はできました。彼が言っていたのはこういうことです。

「なんでおまえは日本人の味方をしているんだ」

通訳という第三者の人間をそう言って責め立てるのです。その場は収まったものの、やはりこうしたことが起こると糸がプツリと切れてしまいます。その後、交渉は決裂。進出は、立ち消えとなりました。3年間さまざまな中国関連のプロジェクトを行ったのですが、私にとってはそれが最後の案件となりました。

私はどうしても中国語がマスターできませんでした。最後の最後、中国語ができないことで、理解し合えない局面が出てくる。このような大どんでん返しのリスクをはらみながら進めることはできない。中国語をあきらめると同時に、中国進出にかかわるプロジェクトをとることをやめました。自身の興味が東南アジア、インド、そしてアフリカへと移っていたことも理由のひとつですが、私は中国をあきらめました。実はこうした通訳事件はよく起こります。ただ、それを私が知ったのは何年もあとのことでした。

友人のなかには中国に5年駐在し、中国に特化したビジネスを推進している人もいます。中国語もマスターしています。本当に頭が下がります。

世界標準の仕事のルール20
アジアの現場から　～ベトナム編

お土産をあげることが成功するための秘訣（ということもある）

お土産はジャックダニエル

ベトナムは好きな国のひとつです。ホーチミンには私が世界一だと思うピザ屋があります。しかし、そのお店を立ち上げ、経営しているのは日本人です。日本人がベトナムでピザ屋？　もうまったく何がなんだかわかりません。しかし、このPizza 4P'sというピザ屋、もしホーチミンに行く機会があれば必ず立ち寄ったほうがいいレストランです。

ベトナムは今から20年前、20歳のときに初めて訪れました。日本ではフォー（お米を使った麺、うどんのようなもの）やゴイクン（生春巻き）が有名ですが、本当に美味しいのは、冷やしたタイプのフォー（ブンチャーといいます）とチャーゾー（揚げ春巻き）のほうです。日本のベトナム料理屋にはあまり置いていませんが、この2つはとてつもなく美味しい。

全般的に薄味なベトナム料理が好きな私は、ベトナムという国が好きになりました。ちなみに、日本の餃子ですが、中国語読みはチャオズとなります。ベトナム語の揚げ春巻きのチャーゾーはチャオズから来ています。

私がベトナムで進めたプロジェクトのひとつは、政府系の資本が入っている企業への日本企業の参画です（具体名は明かせませんが、インフラ系企業です）。外資規制があり、100％外資ではサービスを開始できません。同じビジネスを展開している業界大手へ資本参加することで、参入を試みるパターンです。

この国では、まだまだいわゆる「袖の下」が横行しています。国の資本が入っている企業の中がどうなっているか、想像に難くありません。私は断じてそういうことに手を染めていませんが、お土産という手があります。

ベトナム関連のプロジェクトを始めた頃に、20年来ベトナムでビジネスの経験がある年配の日本人と知り合いました。彼は毎回日本から来るたびに、キーとなる人々に日本でお土産を買ってきました。品物はジャックダニエルです。そうです、ウィスキーです。

ベトナムで人気というわけではありません。実際、飲んでいる人をほとんど見たことがない気がします。なぜジャックダニエルか？　**アメリカ産のウィスキーであるジャックダニエルは、USドルへ換金しやすいのです。**ホーチミンの街中にはドルで支払える場所もよくあります。USドルが極めて強い。お土産のジャックダニエルはことごとく換金されていきます。
これは「袖の下」というわけではなく、調査を進める際にはどうしてもベトナム人のパートナーが必要になるからです。彼らに仕事を頑張ってもらうためのインセンティブのようなものです。平均的に穏便な彼らは、締め切りに対してものんびりとしています。仕事をせっつく際に、ジャックダニエルが効いてくるのです。

本当の「袖の下」で潤っている政府系の人間とも何度も会ったことがあります。彼らの自宅は、ここはベトナムかと疑ってしまうほど豪華絢爛です。ディナーに呼ばれ何度か足を運びましたが、客人用の部屋（寝室とシャワーがセット）が5室や10室など当たり前。そんな世界です。しかし、そんな彼らですが、街中では決して気づかれません。
お金持ちであればあるほど、服装など外見はみすぼらしくしている人が多いのです。嫉妬ややっかみによって暴漢に襲われることを怖れているのです。

最近の、外資系企業で働くベトナム人の若者は高級時計や外車などを乗りまわしたりして、自己顕示欲が強い人もいますが、体制側で成功している人はすべからくみすぼらしい格好をしています。薄い黄土色の作業着のような上着に、焦げ茶色の綿パン、白く煤けた革靴（おそらく人口革の安物）。そんな格好で、バイクタクシーなどを飛ばしてやってきたりもします。もちろん、黒塗りの社用車で移動することもありますが、ビジネス街の中心ではなく、下町などで会う場合にはバイクタクシーで来ることが多かった記憶があります。

初めてそうした人と会ったのも、バイクタクシーでやってきて目の前に降り立ち、人懐っこい笑顔を向けた中年のベトナム人でした。年若く見えます。気さくに世間話などをしていたのですが、あとから高級官僚の上層部だとわかりました。

さて、肝心のベトナム企業への出資ですが、財務諸表などは基本的に粉飾されています。売上は嵩上げされ、利益は逆に目減りさせています。会計士のサインがあったとしても、それは信用できません。場合によっては、売上と利益も嵩上げした調子の良いパターンと、売上も利益も目減りさせた調子が悪いパターンと、いくつかのパターンを用意している企業もあったりします。交渉の状況に応じて使い分けていたりするわけです。

もはや、何が真実かわからなくなることも多々あります。実態と違う部分があったとしても、公式文書として保存され続ければ、それはいつしか事実となります。悪意ある粉飾というよりも、事実を正確に記録できなかったが故にできてしまう決算（公式には正確とされる）という場合もあります。こうした部分は、カントリーリスクとして扱わねばビジネスは進んでいきません。

私が進めていたプロジェクトは3桁億円の出資話だったのですが、交渉の途中でその業界における外資規制が強化されることが採択され、あえなく撃沈。

この出資交渉はもともと、外資規制が緩和される動きがあるというのがきっかけで始まったものでした。それがプロジェクト期間中に、逆に規制が強化される方向に振れ、プロジェクトが頓挫してしまうという残念な結果となりました。ただ、ベトナムという社会の中の裏側をのぞき見ることができたことは非常に面白い体験でした。

世界標準の仕事のルール21

アジアの現場から　～インドネシア編

ビジネス相手のバックグラウンドも調査せよ

交渉相手が思ってもいない副業を持っていることもある

7年ほど前、私はインドネシアのジャカルタで買収を仕掛けていました。相手はウェブサイトを運営するスタートアップ。スタートアップといっても、創業10年近い会社でした。これまた具体名は明かせませんが、ウェブサイトとリアルなイベントの両方を運営することで成長してきた会社です。

創業メンバーは3人。CEOは台湾系華僑のインドネシア人でした。年率数百%成長など派手な形ではないですが、着実に事業を拡大してきた会社です。その市場におけるマーケットシェアはおそらく60%を超え、安定成長軌道に乗っていました。

交渉は難航。なにせ彼らからすれば順調に事業は進捗。売る意思がない中での交渉です。買収後の事業シナジー、成長戦略、両者の役割分担、買収後の各経営陣のポジション。何度も通い、お互いのシンパシーを確認し合いました。親日派が多いインドネシア、また台湾系華僑ということもあり、CEOも日本に非常に興味を持っていました。

買収を仕掛ける日本側の企業は類似サービスを日本で展開し、その規模はこの会社の倍近いものでした。彼らも、どうやったらこのビジネスでそこまで成長できるかに強い興味を示すようになり、交渉に光明が差しはじめました。

しかし、買収金額交渉をするあたりから様子が変わってきました。かなりの金額のオファー（宝くじ当選数回分）にもかかわらず、特に反応がないのです。

私でさえ手が飛び出てしまう、そんな条件です。交渉は長期化、ジャカルタに何度も足を運ぶわけですが、今日CEOはいない、そんなミーティングも増えました。軽井沢の別荘で休暇中、上海に不動産関連で出張中、そんな理由を聞かされます。

いかに成功しかけているスタートアップとはいえ、インドネシアです。別荘を、しかも日本で別荘を買う余裕がどこに生まれるのか？　またインドネシア国内だけで展開しているスタートアップが何をしに上海へ？

理由は簡単でした。台湾系華僑のインドネシア人、超富豪の息子が立ち上げたスタートアップだったのです。ジャカルタから東へ車で1時間ほどの街、ブカシ。そこで再開発を進めている巨大ショッピングモールのデベロッパー事業という「副業」を持っていたのです。その再開発は数百億円規模のビジネスです。とんでもない副業です。

インドネシアは人口2億5000万人の超巨大国家です。しかしながら、GDPは1兆ドルに届かず、日本の5分の1の規模です。1人あたりGDPでいうと、日本の10分の1。アジアの国々の1人あたりGDPは、どこも日本の数分の1から10分の1です。

その指標だけをもって、新興国であり、人々は総じて豊かではない。そう思いがちな日本の方は多いでしょう。しかし、アジアを飛びまわってビジネスで出会うアジア人たちは基本富裕層、しかも超がつくほどの。

タイであれ、マレーシアであれ、インドネシアであれ、ベトナムであれ、私が付き合うアジアのビジネスマンたちはそうした富裕層である場合が多いです。

買収であれ、出資であれ、事業提携であれ、交渉を進める際には彼らのバックグラウンドが何か、ということがキーとなります。交渉している本題のビジネスではなく、実は彼らの副業、家業など周辺事情をどうからめるか、それが決め手となるときも多々あります。

☆

中国、ベトナム、インドネシア。いまここで紹介した3つの交渉はすべて失敗したものです。**がっぷり四つに組んだ膠着した交渉の際に、相手を転がす技は、実はその土俵の外にあったりするのです。**ただ盲目的に押して相手を倒そうとしても、ピクリとも動かず、外から足元をすくわれる。それがアジアだと思います。

世界標準の仕事のルール 22

交渉のポイントは、「自分にとって大事な条件はすべて勝ち取る姿勢で臨む」こと

譲れないポイントは何か？

「どこまで主張するべきですか？」

交渉に臨む直前に、ほとんどすべての日本人のクライアント（もしくはパートナー）からこの言葉を聞きます。

私にはこの言わんとすることがまったくわかりません。

そもそもなぜ交渉するのか？　自分の要求を満額手に入れるために交渉するのです。絶対に落とせない要件をすべて勝ち取る。それが交渉のゴールです。

「どこまで」主張するべきかを悩む前に、「何は絶対に譲れないのか」を決めればいい。

交渉に臨む前の言葉は、本来はこうなるはずです。

「絶対に死守すべき条件は何か。もう一度皆で再確認したい」

これなら話はわかります。非常に重要な課題です。上司と部下であれば、部下から上司への直言かもしれません。お互い出資している共同パートナーならば、自分たちが本当に大事にしている肝を再確認する作業となるはずです。

交渉とは何か？
絶対に勝ち取りたい条件を勝ち取ることである。

まず、出資やＪＶ（合弁会社）における交渉について少し見ていきたいと思います。

前節で、インドネシアやベトナムなどの富裕層、いわゆるアジアのお金持ちが登場しましたが、実はこれはわれわれ日本人にとって至極普通に起こることです。

昨今、アジアもだいぶ裕福になってきているという感覚を持っている方も多いと思いますが、10年前、20年前だとアジアはどの国も途上国、ＯＤＡなどの支援の対象という認識が一般的だったかと思います。

しかし、これからの経済成長、人口増加、社会インフラの発達、どの要素をとっても、日本の１９５０年代から80年代に起きたような急速な成長が予測できます。だからこそ、参入する価値があります。

とはいえ、よくわからない文化、言語。そして途上国であるが故に、情報がそろわない。不透明な社会と経済。ローカルのパートナーが必要となる。このロジックは自然の流れとして出てきます。もちろん、パートナーはいなくとも展開は可能です（外資規制がない場合を除いて)。

ローカルのパートナーとして魅力的なプレーヤーはどういう会社になるか。それは、現地で成功している事業者となります。そうした事業者はほぼオーナー企業(創業者または創業家がトップ)である場合がほとんどです。日本のように大手企業で社長が何人も代替わりし、サラリーマン社長が生まれているような企業は極めて稀です。

つまり、日本の企業がアジアなど途上国(新興国)への展開に際して、ローカルパートナーへの出資や、ローカルパートナーとのJV交渉に立ったとき、常に次のようなアンバランスな事態が起こります。

世界でもっとも豊かな国のひとつである日本と、発展途上国である現地の国。

豊かな国日本の優良企業(平均年収500万〜1000万円)と、発展途上国で成功した企業(平均年収50万円)。

そして、交渉するのは、日本企業の現場リーダー(サラリーマン社員)と、創業メンバー(資産は2桁から3桁億円)。

このアンバランスな状況においてもなお、あの言葉がいつも出てきます。
「どこまで主張するべきですか？」

私のこれまでのアジアでの経験では、8割は相手のほうがお金持ちでした。**売上は日本企業のほうが大きいかもしれない。しかし、交渉の場に出てくるキーパーソンの資産は、相手にしている日本人の100倍ということは日常茶飯事でした。**なぜこういうことが起こるのか。わかりやすくいうと、新興国各国では、いまだ岩崎弥太郎が現役の時代のタイミングなのです。

1人あたりGDPが日本の10分の1にもかかわらず、交渉相手の現地人は自分の100倍の資産を保有している。

こんな状況が、途上国への進出では普通に起こります。

どこまでも主張するべきです。自分にとって大事な条件はすべて勝ち取る姿勢で臨むべきです。妥協した場合、どのようなことが起こりうるでしょうか。

それは、自分事ではなくなってしまうのです。それがもっとも危険です。

ローカルパートナーと協業（特にＪＶにて）していく場合、何を決める必要があるか。株主間契約書（Shareholder Agreement）で、どういう条項を検討する必要があるか。少し具体的に触れたいと思います。

ＪＶにて進出する場合、次に挙げる点について、参入を決める前に腹をくくる必要があります。

・**出資比率**：メジャーをとるかとらないか。もっとも根源的なポイントです。

・**ＪＶのターゲット国範囲**：ＪＶがうまくいった場合、隣国へも展開したくなります。しかし、その場合は、次は独力でやりたいという欲も出てきます。ＪＶで東南アジア10カ国を行うという契約をしてしまうと、隣国すべてをパートナーと一緒にやることになってしまいます。

・**株主間全会一致事項**：仮にマイナー出資の場合、この条文は重要です。パートナーの好き勝手にさせないためのブレーキとなります。一方、自分がメジャー出資の場合は足かせとなります。

・**取締役全会一致事項**：株主間全会一致事項と同様のポイントですが、取締役のみで対応できることとできないことの線引きをする必要があります。

・**収益再配分ポリシー**：利益が出た場合にどのように分配するか。ボーナスとして株主が受け取る。そのタイミングをどうするか。収益のどの割合を分配するか。

・**収益再投資ポリシー**：ビジネスがうまくいけば、さらなる拡大を目指します。収益のたとえば半分は事業投資に向けるなど、そうした分配について事前に合意しておく必要があります。これは、いつももめるポイントです。

・**競業忌避条項**：JVがうまくいかなくなることもあります。その場合、もう一度独自で、または違うパートナーと挑戦したくなるでしょう。相手もそうです。しかし、JV解消後一定期間（たとえば2年など）はそれができないようになります（できないようにさせることができます）。

そして、もちろんこれらを英語で交渉する必要があります。ここで挙げたなかで絶対に譲れないものを明確にし、そのすべてを勝ち取ることを目指して臨まねばなりません。

どこまででも主張して、いいのです。

交渉は「自分事にする」ためにある

日本側が中堅規模以上の企業である場合と、中小企業以下の場合（つまり、現地に交渉に来るのがオーナー関係者）に分けて、自分事でなくなってしまうのがなぜ危険なのかをもう少し具体的に見ていきたいと思います。

まず中堅規模以上の場合、日本側の交渉キーパーソンは若手のエースや部長などになります。現地側は資産がこちらの100倍あるオーナー関係者です。条件を妥協する場合、それを分岐点として、本業としての展開か、事業投資として未知の国での成功事例の構築かという大きな違いが生まれてしまいます。連結決算かそうでないかも、分かれ目でしょう。

現場レベルでは、本気の本業の展開としてスタートしたとしても、数年で異動することはよくある話で、そのとき、会社にとって最重要条件への妥協がある事業というのは、全社から見た場合、確実に「自分事」ではなくなっていきます。極端な話、黒字でキャピタルゲインさえあれば良いということにもなりかねません。

では、日本側が中小企業でオーナー、またはオーナー関係者の場合には何が起こるか。こちらの場合は、妥協した場合、さらに深刻な事態に陥る場合が多いのです。

日本である程度成功し、中小企業という規模ながら海外に打って出ようというオーナーです。地べたを這いつくばって頑張ってきたおっちゃん（おばちゃん）です。こうした中小企業の経営者のほとんどは交渉での押しが極めて強く、頼もしいものですが、妥協をしてしまう場合もあります。

その妥協は何を生むか。

当初、事業を進めるために必要な妥協とオーナーが思っていたとしても、それは、そもそも日本では決して譲ることができない、いわゆる日本的な「こだわり」の部分であることがほとんどです。

そのこだわり、それはその会社にとっての魂のはずで、その点において妥協をした。妥協させたのは、「相手が自分よりも資産を数十倍から100倍も構築した成功者、この国では相手に任せるほうが得策」という判断です。良かれと思ったその判断が、日を追うごとに変わっていきます。

自分がこだわってきたものを欠いた（または、こだわってきたものの一部を欠いた）事業というものは、どんどん他人事に思えてくるのです。まして、妥協した理由が、「資産家である現地人が進めたほうがうまくいくのでは」という判断だったらなおさらです。

そうしているうちに、どんどん他人事に思えてくるのに加えて、あのパートナーならばやってくれるだろうという他人まかせの意識が生まれてきてしまうのです。

自分事。

自分事として日々熱量を持ってマネジメントしたくなる。**交渉というものは、この条件さえ妥協すれば前に進むという基準で臨むものではありません。**

この条件が合意できれば自らが毎日24時間ウォッチしたくなるだろうか？　そういう姿勢で臨むものなのです。

世界標準の仕事のルール23

相手が1000倍大きい企業でも、卑屈になる必要はない

10人対10万人

今、私が経営しているうちのひとつに、YourwifiというECサービスを行う会社があります。シンガポールから出発して出張や旅行をする人向けにポータブルwifiルータをレンタルで提供している会社です。他に各国のＳＩＭカードの販売や、ポータブルwifiルータのシェアリングサービス、IoT（Internet of Things）向けの通信インフラソリューションなどを展開しています。アジアから世界を股にかけてアクティブに動く人をターゲットにしたサービスです。

もはやすべての人がスマホを使っており、どの国にいても、いつでもインターネットにアクセスすることを求めています。しかしながら、携帯電話料金は国境を越えると国際ローミング料金となり、非常に高く、時代に即していません。Yourwifiのようなサービスを活用すれば、従来の半分にコストを圧縮できます。

日本をはじめとして、ここ3、4年ほどこの領域のサービスが世界各国で始まっており、グローバルＭＶＮＯ（仮想移動体通信事業者）として市場が形成されています。

Yourwifiは、現在のところ会員が3万人程度（シンガポールの人口は日本の20分の1なので、日本で60万人程度の利用者がいるサービスと思っていただければと思います）。ユーザーの99％がシンガポール人で、日本人の利用者はほんのわずかです。シンガポールには3万人の在留邦人がいますが、そこはターゲットとせず、あえてローカルだけを狙って事業展開しています。

まだ10名にも満たないスタートアップですが、そんな会社にも、世界最大の金融機関シティバンクからアライアンスの打診が来ます。

シンガポールで起業するメリットはまさにこうしたダイナミズムを体験できることです。世界最大のクレジットカード会社VISA、シンガポールで最大手の銀行UOB、東南アジアで最大手のLCCであるタイガーエアなど、こうしたグローバル企業のアジアヘッドクォーターとのアライアンス交渉のチャンスが手に入るのです。

この会社は2017年12月にデロイト社が発表した急成長企業ランキングTechnology fast 500において、成長率174％を達成し、アジア全体で292位、シンガポール国内では第3位に入ることができました。

東京とくらべて面白いのは、それらの企業のアジアヘッドクォーターはシンガポールにあることです（日本法人はシンガポール法人の子会社である場合がほとんどです）。VISAとの交渉は、VISAシンガポールではなく、東南アジアやインドを含めたこの地域20カ国程度を取りまとめる部署との話になります。

シンガポールに本社機能があるこうしたグローバルカンパニーは、自社にとってプラスになる要素をアジア中で探しています。めぼしいものが見つかれば、すぐにパンアジア地域での導入を検討します。極めて動きが速いです。

VISAのアジアトップとの交渉ですが、先方の要望が少なくともインドを含めたアジアで5カ国以上の展開が最低条件となり、このときは交渉の継続を断念しましたが、早晩再交渉を始めたいと思っています。

シティバンクとのアライアンスでは、現在シティバンクのプラチナ・カードホルダー向けに独占的にYourwifiのサービスを提供しています。こうしたメガカンパニーとの契約交渉の場合、分厚い契約書と契約書の修正がまったく効かないということを覚悟しなければなりませんが、あきらめてはいけません。

数人対数十万人という戦いですが、要望するべきことはするべきです。

当初プラチナ・カードホルダー向けへの割引に加え、シティバンクへのコミッションフィー（顧客の紹介手数料）も払うという契約内容でしたが、交渉の末、カードホルダー向けの割引のみに抑えることができました。契約書の本編の改定は無理でも、Appendix（補足）にシンガポール独自の条項を入れ込むことは可能です。決め手は、コミッションフィーを払うのなら、その原資はカードホルダー向けへの割引額を減らして充当することしかできないとの主張を崩さなかったことです（実は本には書けないさまざまな駆け引きが両者の間であったのですが）。

シンガポールで起業した場合、このようにアジアのグローバルヘッドクォーターとのビジネスの可能性が広がります。あとは契約交渉で勝ち取ることができるか。

ポイントは、**たとえ数人のスタートアップであっても、交渉の際、数十万人の巨大企業に引け目を感じてはならない**ということです。相手も公平な目で見てきます。大企業がいいという盲目的な判断はしません。自社にとってメリットがあることなら、同じ土俵に立って交渉についてくれます。こちらもイーブンで交渉に臨んで良いのです。

東南アジア最大のＬＣＣともアライアンスに向けてテスト・マーケティングをしたのですが、Yourwifiにとって条件が良くないため、途中で打ち切りとしました。また、某アメリカ系の世界最大のホテル予約サイトとのアライアンス交渉も行いました。彼らが持つ顧客基盤はシナジー効果が高く非常に魅力的ではあったのですが、彼らが要求する条件があまりにも不利であり、売上はかなり伸びると計算はできたものの、彼らの要求を跳ねのけました。

創業して突如、そうしたメガカンパニーとのビジネスチャンスがやってきます。パンアジアを押さえることができるキーパーソンとの交渉の場にすぐに立てる。これはシンガポールならではのメリットなのですが、大手相手とはいえ、その費用対効果は冷静に計算せねばなりません。

世界標準の仕事のルール 24

泣き寝入りは禁物。ありえないと思ったら、即座に行動すべし

日本では当たり前のことが当たり前でないのがアジア

話は打って変わって、今度は飲食での創業の現場です。

私は北海道の豚丼の飲食店をシンガポールで開業することに携わったのですが、その開業の過程でもさまざまなことが起こりました。

まずは開業前、店舗デザインを進めているときのことです。シンガポール側（英語）、北海道側（日本語）、そして私の三者でデザインという言語化しにくいものを、国をまたいで調整しながら進めていました。工事の真っ只中、事件は起きました。

当局に安全性、衛生管理上の問題がないことを証明するために、厨房の図面を提出する必要があります。これは日本でも一般的かと思います。ところが提出の前日の夜中になって、厨房の図面に決定的なミスが発覚します。

なんと焼き場の設置位置と天井のダクトが、30センチメートルずれていたのです。つまり、焼けば焼くほど、煙がダクトに向かわず厨房にこもってしまう設計。北海道とシンガポールで、より良いものにしようと日々修正を重ねていった結果、いつの間にか焼き場とダクトがずれるという初歩的なミスが発覚したのです。
それが発覚したのは夜の10時。もはや設計業者は対応してくれません。提出は明日の朝。多国籍チームで起こる初歩的なコミュニケーションミスを、私は犯してしまったのです。もはや、時間の猶予はない。その場で設計図用のアプリケーションをダウンロードして購入し、なんとか自分で図面を修正して、翌朝の政府への提出に間に合わせました。

そもそも、ダクトの設置位置に対して厨房の間取りが合っているかというのは、厨房図面では初歩の初歩で、それに気づかないデザイン事業者もデザイン事業者なのですが、**アジアではこの当たり前が、当たり前に進んでいかないことがいつも起こります。**

また開業後も事件が起こりました。豚丼なので豚肉を仕入れるわけですが、この業者選定がなかなかに難しい。良い肉を安定的に供給できる業者がシンガポールでは限られます。食料自給率0・1％の国です。すべての食品を輸入に頼っています。
あるとき、良い業者が見つかり、そこへ、毎週100キログラムずつなど定期的な発注を頼みました。最初の3週間ほどは良いのです。しばらくすると、業者がトラックで持ってきた豚肉に変化が起きます。豚肉を特大のビニール袋に入れて持ってくるのですが、1ブロックずつ取り出して冷凍庫にしまっていくと、途中からブロックがなくなり、屑肉が袋の下部に隠されているのです。

もちろん、発注した重さに屑肉も含まれています。綺麗に切られたブロック肉の下に隠して業者は持ってくるのです。まったく隠したことになっていません。誰でも気づきます。

こういう場合、泣き寝入りは無用です。すぐに業者を呼びつけ、屑肉を引き取らせ、その重さ分の正規の豚肉へと交換させます。シンガポールですらこういう悪質な業者は多くいます。

世界標準の仕事のルール 25

交渉で打開できないものはない（ほとんどは）

訴えられても慌てる必要はない

突如賠償金額が書かれた、弁護士のサインが入った文書が届く。

シンガポールでの話です。シンガポールの情報は日本発の情報にくらべてはるかに世界に伝搬します。東南アジアは言うにおよばず、インドや中国にもよく届きます。それ故、シンガポールで創業すると、訴えられる事件がすぐに勃発します。

創業1年で4、5回はあります。ほとんどが中国からの攻撃です。よくあるのは、著作権侵害やブランド毀損などの言いがかりです。


日本でも、新しく取得したドメインが、弊社のトレードマークを侵害しているという訴えはよくあると聞きます。シンガポールの場合、さらに手が込んでいて、弁護士のサイン入りの訴状のようなものもたまに届きます。

私が携わっているビジネスは決して他の著作権や特許、ブランドなどを侵害していない自信がありますので、ほとんどの場合無視します。中国の企業から来るこうした訴えは、詐欺まがいのことが多いので、反応しないのが得策です。ただ、法律事務所のサイン入りで来た場合は、さすがに対応が必要です。

私もこの3年で、そうしたいわれのない訴えを3回ほど受け取りました。しかし、賠償金額が書かれた、弁護士のサインが入った文書が届いても慌てる必要はありません（何もしていない自信があるのであれば）。ほとんどの場合、無効にできます。


訴えの内容に対して、論理と証拠を示し回答する。こうした、白《シロ》にもかかわらず、訴えを送ってくる企業は、同様のものを乱発しています。100社訴えて、数社が賠償金を払えば良いというロジックで動いているのでしょう。論理と証拠で対応してくる手強い相手には、向こうも食い下がってきません。もっと扱いやすいカモを狙うのです。

初めて弁護士のサインが入った賠償請求の書面が届いたときは少し焦りましたが、最近では、ああまた来たかぐらいの受けとめ方です。何が起ころうとも、交渉で打開できるものです。

もちろん、交渉でも打開できないものもあるでしょう。ただ交渉によって事態は確実に変わります。

第5章 サラリーマンを辞めて起業する前に知っておくべきこと

これまで述べてきたとおり、私はいきなり海外で起業することを選んだ人間です。起業してから2018年３月現在で５年４カ月が経過しました。今のところ、数多くの友人知人の助けもあり、難なく生き延びています。

今からお伝えすることは、海外で起業する方だけではなく、日本で、自分の国で起業する方にも同じことがいえると思っています。

これからの時代、もはや終身雇用はない。自らのスキルで生き延びねばならない。終身雇用が保証されない以上、国内にいたとしても、「海外でも生き延びる術」を身につける必要性が高くなってきているということです。

起業を考えていない方でも、本章で述べる5つの視点に、日々の働き方に大きなヒントをもたらすのではと思い、まとめてみました。

10億円調達。どこかの若い起業家が創業間もないにもかかわらず、そんな金額の資金を調達したというニュースを見かけることがあります。新聞を読んでも、起業家をもてはやす風潮の記事が毎日のように載り、事業で世界を変えることを目指さないことは悪とでもいう論調も少なくありません。

私はどっぷり普通のサラリーマンを長年続けていました。転職を経験したこともあります。そして今、起業して自分の会社を経営しています。まだ、日本の新聞を賑やかすような上場！というところまではいっていませんが、日本で起業したLastRootsという会社ではクラウドファンディングとSBI社からの合計で6億円を超える資金を調達した経験があります。この会社は創業から1年9カ月で30人ほどの会社となっています。小さくとも経営者ではあります。

長年やっていただけに、私は起業家の中ではかなりサラリーマンのことを熟知しているほうです。また、過去何年にもわたって、さまざまな起業家と会ってきました。日本、アジア、アメリカ、欧州。その数１０００人はくだらない。そこから得られたことを書いてみたいと思います。

もし、あなたが10年くらいサラリーマンを続けていて、起業を迷っている。
10年くらいサラリーマンを続けていて、創業間もない企業への参画を迷っている。
10年くらいサラリーマンを続けていて、次のキャリアとして海外に飛び出すことに迷っている。

または、10年くらいサラリーマンを続けていて、この先の将来が不安で気持ちが暗くなっている。

そういう20代後半から40代の方々（もしくは50代でも）であれば、これから述べることを事前に把握しておくことは非常に有効だと思います。

世界標準の仕事のルール26

あなたには、今もらっている給与の価値はない

ほしい給与の3倍働かなければ、その金額には届かない

のっけからカウンターパンチを浴びせるようなことを言いますが、これは現実です。あなたには、今もらっている給与の価値はありません。

起業したとして、あるいは創業間もないスタートアップにジョインしたとして、あなたの価値は、今もらっている給与の価値より確実に低くなります（なお野球にたとえて言うならば、人の能力価値は安打数ではなく、打率のようなものです。上下するのです）。

今もらっている給与が50万円か、100万円か、どのレベルなのかはわかりませんが、その給与がなぜ発生するか？

会社（おそらくある程度大きいでしょう）全体を効率的に動かしていくための、一部の役割をあなたは担っているはずです。そして、それをより良く推進することを勤務年数だけ追求し続けてきたはずです。その限定された役割を効率良くこなすからこそ、会社全体が生み出す利益の中から、あなたのその価値＝給与が生まれるのです。

しかしながら、そこで追求した効率性を上げるスキルは、ゼロから価値を生み出す際に、

多くの場合は役に立ちません。残念ながら事実です。もちろん役立つスキルもありますが、それは一部のスキルに限られます。

繰り返しになりますが、あなたの価値は、今もらっている給与の価値ほど高くない。しかし、これは何もあなただけに当てはまることではありません。起業であれ、創業間もないスタートアップへのジョインであれ、はたまた新しい国で働きはじめた場合であれ、今もらっている給与分の付加価値を即座に出すなど、ほとんどの人ができないのです。

仮に100万円の給与がほしいのであれば、月に最低300万円の売上は弾き出さないと、その給与には届きません。単なる個人事業主やプロブロガーなどであれば、100万円の給与を手に入れるために必要な売上はもっと小さいかもしれません。しかし、起業して会社を大きくし、事業によって変革を起こすことを目指すなら、その後の事業投資や人材を採用することによって会社を大きくしていくための資金が会社には必要になります。

会社にはオフィスの賃料、パソコンなどの機器、事業を進めるために必要不可欠な外注費、広告費などさまざまな経費がのしかかってきます。大雑把に言って、ほしい給与の3倍稼がねば、その給与を手に入れることはできません。

逆の見方をして、仮にスタートアップに飛び込み、今の半分程度の給与レベルになったとしましょう。半分になることを受け入れられるのは、もちろん将来のリターンを期待してのことです。そこで、「(収入が半分なのだから) 実力の半分も出せば、この給与分の付加価値は出せる」などという価値観を持っているとしたら、それは即座に捨て去るべきです。新しい境遇では、今までの半分の価値すらも出せないことのほうが多いものです。むしろこれまでの2倍以上、性根を入れて臨むべきところです。

「いや、そんな価値観は持ち合わせていない」

多くの人はそう「思っている」かもしれません。しかし、残念ながら、仮に10年もサラリーマンを続けていると、自分が思わなくとも、行動がついていかない場合が極めて多い。行動が、俺／私は本来もらうべき給与をもらっていないから、実力を発揮していないだけ。心の奥底でそういう考えがあると、それは行動となって現れてしまうものです。

今の状況に納得がいっていないという理由で全力を出しきれない人間は、新しい環境に移ったからといって、全力を出せはしないのです。

世界標準の仕事のルール27

自らの役割を規定してはいけない

「自分の役割を決めない」と規定する

通常の会社に勤めていると、各人には役割というものがあります。それなりに大きな会社の場合には、自分の役割を超えたことをやろうとすれば、他の組織から釘を刺されることも少なくありません。

よって、サラリーマンという職業で長年働くと、自らには役割というものが存在し、その中での効率性を追求するというＤＮＡができ上がってしまうのです。

このＤＮＡが、起業や社会の変革を目指すと謳《うた》うスタートアップで戦う際には、非常に邪魔になります。起業をする場合、創業まもないスタートアップの一翼を担う場合、不透明な市場環境である途上国で働く場合、役割などあってなきがごとしです。

自らの得意分野から派生する「大きめ」の役割を勝手に規定し、それの付加価値の最大化を図る。それはとてつもなく典型的なサラリーマンＤＮＡなのです。

青天の霹靂《へきれき》のような役割をも模索し、推進し、転げまわる。
日々思いもよらない役割を開拓し続ける。

そうした領域へ、毎日毎日、いや、毎時間毎時間踏み込むことこそが、起業するということであり、スタートアップに参画するということなのです。

自らの得意分野から派生する「大きめ」の役割を推進するということは、決して悪ではありません。たとえて言うならば、売上100億円の会社を110億に成長させるためには、そうしたリーダーシップのある人が何人もいなければ達成できないでしょう。

一方、100万円の売上の会社を1億円にしようとする場合、「自らの得意分野から派生する大きめの役割を推進する人」というのは、残念ながらほとんどの場合、役には立たないのです。

起業して、推進していくためには、これまでの経験で培ってきた行動原理そのものを変えなければやっていけない。つまり、あなたの業務には終わりなどないのです。

やってもやっても、次から次へとぶち当たる壁を乗り越え続けなければなりません。まったくお門違いの壁がいくつも立ちはだかる。それを楽しめる心理状態へと変わらなければ、やっていくことは困難でしょう。

あえて規定するとすれば、それは、役割を決めないこと。それが肝要なのです。

世界標準の仕事のルール 28

ベストを探す余裕があるなら、できることを実行しよう

ベストではないと承知でも、やらなければならない

極論ですが、ベストかどうかなど、どうでもいい。マーケット調査やニーズ調査さえもどうでもいい。創業間もないスタートアップにおいて、マーケット調査やニーズ調査が少し必要なのは、投資家を対象にファンドレイズ（資金集め）を行うときくらいです。

創業時に辛酸をなめた経験がある投資家相手には、浅はかな調査など逆効果となる場合も多い。むしろ古典的ではありますが、パッションのほうが重要です。**いや、もっとも重要なのは、「覚悟ある行動」です。**気合など何の役にも立ちません。

ベストでなくとも良いとは言いません。ですが、ベストなものを待つ必要はまったくありません。今日、今、考えられうるものの中で即座に実行可能なものを行う。

直感的に「ベストではないかもしれない」、そういう感覚をあなた自身が持つものでも、やらなければならない。ベストチョイスなどを選んでいる余裕はありません。**問題は、選択したものをどうやってベストにしていくかということです。**

ここで「実行可能なもの」という言葉を使いました。創業間もないスタートアップにおいて、今すぐに実現できないアイデアなど、それを考える時間がまったくもって無駄なのです。

これがこうなれば、こういうふうになって収益が上がる。巷には仮説思考という考えがもてはやされていますが、こと創業期のスタートアップにおいて、仮説などというものはほぼ役に立ちません。

こうなれば、こうなる。そんなふわふわとした考えなど1日実行すれば、まったく的外れなことだとわかるからです（もちろん、とてつもない潜在ニーズがあるということも時に判明します）。

浅はかな仮説はいりません。一方、創業当初抱いていた、世界を変えるアイデア。そうした強くこだわりのある信念は、そうやすやすと変えるべきではありません。

ボールを投げれば落ちる。それくらい確実に起こることを積み上げた戦略、戦術を毎日実行していかねばなりません。このような場合、サラリーマン経験というのは、大きな障壁となることがあります。通常、大きな組織の会社では、いかにベストを選ぶかということに付加価値があるからです。いかにベストを選び、リスクを少なくするか。それが組織では求められます。

ベターな選択で、早いが少し減点をくらうことをやるよりも、3倍の時間をかけてでも、よりベター（ベスト）な選択をし、それをゆっくり確実に推進することが求められるのです。

しかし、起業した場合、そんな悠長なことは言っていられません。

毎日毎日、資本金が減っていきます。30万円、50万円といともたやすくなくなっていきます。売上が立ったとしても、クライアントからの入金がなければ、安心できません。売上が期末に立つ傾向の事業を展開している場合、運転資金確保のため、**会社が銀行から融資を受ける際、数千万円、時には数億円を個人保証で借りることなどよくある話です。**

みなさんが普段から会ったことのある、パッションと行動力があり、明るく振る舞っている起業家のほとんどの人がそうした極限の状態を経験したことがあるはずです。そうまでして用意した資金がたやすくなっていくのです。創業期のスタートアップの経営者たちは、身を切られるような思いで毎日の資金状況を見つめているのです。

とにもかくにも、ベストでなくとも、今あるすべての知識と能力を使ってベターと判断できることを即座に推進し続けなければなりません。

「この戦略は将来会社にとって大きな利益を生み出す可能性がある」

そうした大きな戦略も重要です。そして、そうした類いのものこそ、知的好奇心を刺激し、面白さを感じる部分でもあります。

しかし、それが明日、利益をもたらす可能性が極めて小さいものなのであれば、そんなことは睡眠時間を削って夜中にやればいいのです。

太陽が昇り、他社が動いている日中にやるべきは、明日の利益を生み出すものでなければなりません。時間をかけてベストを探す余裕などどこにもないのです。即座にできることの中で最善のものを実行に移す。

ただそれだけなのです。

世界標準の仕事のルール29

今日やらねば、無価値。ただそれだけである

今日やらねば無価値

今日やらねば無価値。明日はありません。
明日、さらにより良く実行する。それもありません。
今日である。今である。明日のほうが今日よりもうまくやれるからといって、明日に延ばしてはいけない。今すぐに始めることができることをやりはじめる必要があります。

今日やるべきことは、今日やらねば無価値です。
今やるべきことは、今やらねば無価値なのです。

明日はありません。今日やりきることこそが、付加価値なのです。**その積み重ねが会社としての強さになります。**準備はもちろん重要です。しかし、用意周到にする必要はありません。

無謀に、今すぐやれと言うわけではありません。今持つすべての知識と能力を使い、３分、いや１分で何をするべきかを見定め、その直後にそれを実行する。一夜漬けして、より良い戦略を練ることなど、まったくもって意味がないのです。

役割が定められ、その役割の付加価値を最大化するために、1週間や1カ月かけて、限定した物事に取り組む。決められた期限までにそれを遂行し、アウトプットの価値を高める。実は起業したら、そんな価値観はほとんど必要なくなります。

毎日会社の状況は変わります。今、重要だと判断されることは、今、やらなければ意味がありません。1週間後では状況が変わってくるのです。ある物事を遂行するのに、このやり方でやらねばならない、この資格を取らなければならない。そんな決まりごとはどこにもありません。

何かを始める際には、こうしなければならない。そんなことは何もないのです。
ただ、今すぐにやりはじめることこそが重要なのです。

今日実行したことが、明日正しかったのか、間違いだったのか、どう改善すれば良いのか。自分の行動の結果の良し悪しを1秒でも早く知り、次の改善策へとつなげる必要があるのです。

世界標準の仕事のルール30

「人が変わったら行動が起こる」
ということはない。
人が変わるのは、
行動を起こした翌日からだ

自分の限界を超えたラインを張れるか

「成し遂げたければ言いふらせ」。私の座右の銘のひとつです。

役割の価値を最大化することに慣れてしまった人は、半年に一度の人事考課くらいにしか、目標を口にしなくなります。しかも、そうした場所で語られる目標は守りの目標となりがちです。

自分が実行可能で、最大限、会社という組織のためになることを、目標として設定します。当然ながら世の中を変えることなどを目標に設定したりはしないでしょう。できそうにないことは目標設定しない人がほとんどだろうと思います。

しかし、**起業するということは、できることをやることではありません。社会が必要とすることをやりきることです。変革するために必要なことを、どうにかすがりつき、やり抜くことです。**

現在地から見える景色を見るのではなく、目標とするものを見るために必要なことを見出し、歩きはじめることです。毎日毎日、自分の限界を超えたラインを再設定し続けることなのです。

さて、あなたは今までに自己投資でいくらつぎ込んだことがありますか？

サラリーマン時代に、将来の自分に向けた投資として、いくらつぎ込んだことがあるでしょうか？　英語でも中国語でも、会計でも、留学でもなんでもいい。せいぜい10万円程度でしょうか？　いや１００万円つぎ込んだ人も中にはいるでしょう。

起業するとは、毎月１００万円をつぎ込み続けるようなものです。それも事業の進捗につれ、つぎ込む額が大きくなっていく。会社がうまくまわりはじめ、成長すれば、毎月自分の財布から１０００万円投資し続ける。そんなリスクをとり続ける。それが起業するということです。


起業を考えている人。

創業間もないスタートアップへの参画を考えている人。

海外に飛び出すことを考えている人。

その前に、ひとつ言っておきたい。会社を休み、またはサボり、やろうとすることに向かって50万円、１００万円とつぎ込んでみてください。それすら躊躇するならば、役割の付加価値を最大化する生き方を続けたほうがいい。

いざとなれば、俺（私）は変わる？

いや、残念ながら、何十年も生きてきた人間は、そうやすやすと変わらない。**人間が変わるのは、行動を起こした翌日からです。**

人間が変わったら、行動しはじめる。そんなことは起こりはしません。

サラリーマンを辞めて起業をして、やってみてわかったことは、０を１にすることと、１００を１１０にすることはたしかに違うということです。

サラリーマン時代には、１００を１１０に、１３０に、いや１５０にすることを追求してきました。それも意義があり面白かった。

そして、今、毎日０を１にすることに奮闘しています。それもまた面白い。どちらを選ぶか。そこには正解などありません。

いや、正解を気にする人は起業などするべきではない。**起業にはおそらく永遠に正解は訪れない。毎晩これが正しいのか。不安に打ち震えながら朝を迎えます。**

どれだけその月に売上を積み重ねても、自分の給与は確定しないのです。たとえ今月500万円の利益を稼ぎ出したとしても、翌日から半年間いっさい売上が立たなくなる。そんな恐怖で毎日朝を迎えるのです。

その状況でさらに、次の新たな事業への投資に舵を切らねばなりません。生き残っていくために。

起業するべきか。サラリーマンでいるべきか。どちらを選ぶか。それはあなた自身の生き方次第です。

第6章
世界から日本はどう見えているか

日本人が思っている自身の日本像と、海外の人が感じている日本の姿はまったく違います。そのギャップが大きければ大きいほど、そこにはチャンスがあると思うのです。現在の日本と日本人が、世界からどう見られているか。それに気づくことは、大きなチャンスをものにする足がかりにもなります。

普段日本にいると気づかない、外から見た日本。第6章では、そのギャップをまとめています。これからのビジネス展開の手がかりが、ここにはあると思います。

世界標準の仕事のルール31

「日本って、安いけど、めちゃ旨いやん！」

もはや世界一割安な日本

２０１８年3月現在、１ドル１０５円前後と円安が続いています。２０１７年の訪日観光客数は過去最大で２８００万人強。円安だから、観光客が増加した。それは間違いです。円安も多少は後押ししていますが、円安であろうがなかろうが、観光客は増えます。増えているのは、アジアから日本に来る人たちです。円安だから増えたのではありません。彼らが豊かになったから、日本に来られるようになったのです。

私は年間30回程度、海外出張をするのですが、１週間の間にこんなことが起きます。

ジャカルタの昼下がり、ホテルに隣接した巨大なショッピングモールに向かう。Plaza Indonesiaというところだ。できて数年、内装はきらびやかで豪華、銀座だと言われてもわからないほどの高級ブランド店が並ぶ。その一角にトンカツ屋がある。インドネシアだけでなく、東南アジア全域で日本食ブームである。

イスラム教のインドネシア人は豚肉を食べないのだが、ジャカルタに住む華僑の人たちは豚が大好物である。トンカツ定食を頼む。日本と同じく、キャベツの千切りとさくさくに揚げられたトンカツと白いご飯。一応定食の形をなしている。会計のときに、30万インドネシアルピアほどを支払う。日本円にして、2500円。味は？　残念ながら、格別に美味しいというレベルではない。だが、それなりに満足できるレベル。

2日後、地方創生の名目で日本の地方をまわっている中で、とある地方都市に滞在。JRの主要駅から徒歩圏内の和風の居酒屋に入る。日本海でとれたての魚が格別に美味しい。生ビールも進む。小さな店構えで老夫婦が経営しているようだ。女将さんのハリのある声が店内に響く。

「お兄ちゃん、顔が疲れてるよ！」という温かい声をかけられ、きゅうりの酢漬けをサービスで出してくれたりする。何杯かビールを飲んで、お腹が膨れたところで会計しようとレジに進む。

また女将さんが言う。「えとね、じゃあお兄ちゃん、おまけ！　3000円ね」

インドネシアは2億5000万人の人口を擁する、中国、インドに次ぐ人口大国です。しかしながら、1人あたりGDPは5000ドル（PPP換算）で、人口2000万人を擁する首都ジャカルタには地下鉄が1本も走っていない状況です。

そんなジャカルタで食べる昼のトンカツ定食が2500円で、日本の地方都市の居酒屋でビールを何杯も飲んで、腹いっぱいに夕食を食べて3000円。

これはなにも極端な例を出しているわけではありません。ごく普通の相場観の比較です。日本の場合、東京都内でサラリーマンが職場の近くに繰り出して食べるランチはだいたい880円とか、その程度が相場かと思います。地方都市なら600円というところも珍しくないでしょう。

シンガポールの場合、ランチで普通のレストランに行った場合、日本円換算で2500円は普通にします。マレーシアのクアラルンプールで1000円程度、バンコクでも1000円くらいが相場です。クアラルンプールやバンコクでは1000円のランチを現地の人もごく日常的に食べています。特に高級店を指した価格帯ではありません。

私は大阪生まれ、大阪育ち。浪速の商人根性があります。安いのが一番です。東京に引っ越したときに一番驚いたのが、こういうセリフを聞いたときでした。

「あのお店ね、高いけど美味しいの！」

はあ？

大阪人の私には理解できない日本語です。高かったら美味しい。当たり前やん。

大阪人はこう言います。

「安いけど、あの店はめちゃ旨いねん」

それが驚きというものです。


今、アジアを含めて世界中の人が日本を訪れ、こう叫んでいます。

「日本って、安いけど、めちゃ旨いやん！」

（決して、大阪弁をしゃべっているという意味ではありません）


毎年世界中を見てまわり、ひしひしと感じます。

日本ほど割安な国はありません。これほど美味しい料理が、これほど安いとは。マレーシアやバンコクなど1人あたりＧＤＰが日本の3分の1以下の国にくらべても、日本は割安と感じます。特に東京以外の日本の各街（大阪も含めて）のレストランの相場は、アジアのどの都市よりも安く感じます。

日本に初めて旅行に行ったアジアの人と会うと、みなさんおっしゃいます。**日本は高い高いと思って、今まで行かなかったけど、行ってみたらすべてが安かった。そして美味しいものが安かった、と。**

世界標準の仕事のルール32

日本ほど安全が安く買える国はない

世界一安全が安い国、日本

美味しいだけではありません。日本は安全も割安です。

アジアで日本人の駐在員の方が住むような家はコンドミニアム（通称：コンド）といわれるマンションです。すべてのコンドには、セキュリティガードの小屋がゲートのところにあり、入出する人をチェックします。パスポートを渡さなければ入れないようなコンドもたまにあります。

また、小さな街単位で区画化される集合住宅エリアもよく見られます。そのエリアの広さは、コンドのようなマンション・ビルが数件と、一戸建てが数百軒並ぶ程度あります。その一帯をぐるっと少し高い塀で囲い、そのエリアに入る道路にもやはりセキュリティゲートが設置されていたりします。

住んでいるのは、日本や欧米の駐在員、現地の富裕層の方々です。現地の富裕層が住んでいるといっても、家賃の価格帯は10万円から30万円程度（シンガポールの場合、30万円から70万円程度）で、普通の日本人も住めるレベルといえます。

もちろんセキュリティがないようなマンションやコンドもたくさんあります。家族連れでない独身男性なら、そういう場所でも十分住めると思います。お湯も出ますし、水洗トイレです。

数年前、シンガポールでBBQパーティをしたときのことです。シンガポールの友人も招いていたのですが、こんな会話がありました。

「たしかに高くなってきたけど、それでも夜気ままに歩くことができる。駅から自分の家まで夜23時でも、女の私でも1人で歩いて帰ることができる。家賃は高いけど（ちなみに、彼女の家の家賃は約60万円ほどでした）、この安全には代えられない」

彼女はマレーシア出身です。シンガポールは毎年5％から7％物価が上がり、賃貸も高いことを私が話題にしたときでした。

安全とは高いのです。

世界中の人たちにとって、安全とは、高額で買うものなのです。

日本にも犯罪はあります。空き巣もあるし、暗い夜道で強盗に遭うということも皆無ではありません。しかし、その発生率は極めて低い。

日本全国の駅で、夜会社からの帰り道に駅から自宅まで歩けないような街があるでしょうか？　どこにもない気がします。そして、**その安全が高額なものであると気づいている人はどれくらいいるでしょうか？**

また、アメリカではこんなことが日常的に起こります。

公園で自分の子どもを遊ばせていたとします。子どもたちが遊具で遊んでいる間、夫婦で少し会話をしていると、突如通りすがりのアメリカ人から怒鳴りつけられます。

「何してるのあなたたち！　誘拐されたらどうするの！　ちゃんと見てなさい！」

遊具で遊んでいる子どもたちとの距離は、わずか5メートルほどです。日本人の感覚ではそばに立っているという意識です。その「近距離」だからこそ、少し子どもから目を離し、夫婦で会話をしていた。そういう状況です。

しかし、アメリカ人の感覚では、自分の手が子どもの体に触れることができないほどの「遠距離」にもかかわらず、子どもから目をそらし、夫婦で会話をするとは何事だ、と映るのです。

世界標準の仕事のルール 33

最高品質を
最高に割安で提供する国、
日本は自信を持っていい

「日本の製品やサービスは高いから値下げしないと売れない」って本当？

まぶしいほどの紅葉、しんと静まり返った雪景色。笑顔で迎え入れる日本の田舎の人々。そこで提供される食材。今すぐ価格を2倍、いや3倍に引き上げたとしても、そこを訪れるアジアの人たちは、それでもまだなお割安に感じて、買っていくでしょう。

1990年のバブル崩壊まで、戦後40年、急成長を続けた日本。かつては東京都だけの不動産価値がアメリカ全土と同じというジョークも生まれたほど世界一物価が高い国でした。それから失われた20年――。経済成長しない。インフレしていない。もしくはデフレ。いまだに缶コーヒーの値段は100円そこそこ。値上げされたのは消費税分のみです。

失われた20年と言われますが、日本人のたゆまぬ改善の努力は1日たりとも止まりませんでした。この失われたと言われる20年の間に、日本はデフレ化の経済において、最高品質で最高の製品とサービスを、最高に割安で提供できる国へと変貌しました。

戦後の最初の20年の復興。日本は安かろう悪かろうという状況の中、まさに安さだけを頼りに世界に打って出ました。そして世界の競争をくぐり抜ける中で改善を重ね、戦後40年を経たときには、「高いが最高の品質」という極みにまで上りつめました。

そこから失われた20年。物価が上がらない年月を積み重ねる中で、アジアなど世界の国では2倍から3倍の物価上昇が起こっていました。**いつの間にか日本は、最高品質を最高に安く提供できる国となっていたのです。**

だが、改善が加えられたのは、主に20年以上前に日本が生み出した製品やサービスたちです。日本は最高品質を維持しつつ、世界的に見て最高に割安な状況にまでたどり着いたものの、新しい段階へ踏み出すリスクも最小化してしまったようです。

アップル、サムスン電子が躍進し、グーグル、フェイスブックが世界を席巻している。かつて世界を席巻しえた日本ブランドは、SONYの時代を最後に、この20年、1社も現れていないのです。

日本の製品やサービスは高いから値下げしないと世界では売れない。特にアジアではかなりの値下げが必要となる?

それは20年前の話です。そんな感覚で世界展開に挑んではいけません。今はむしろ価格を倍にして世界へ打って出ても、決して高いということはない。

もちろん日本的なホスピタリティが行きすぎた場面もあります。過剰サービスと言われることもあります。しかし、それを言い訳にしてはいけない。おもてなしなど、世界では求められていない？　誰がそう決めたのです？　そんな事実はどこにもありません。そんな短絡的な話ではない。

もっと自信を持っても良いのです。

今、私たち日本人が当たり前のように手に入れているもの。それは世界的に、とてつもなく割安になっていると自覚する必要があります。今、日本はあらゆる製品とサービスを「安いが良い」ものとして売り出していけるのです。

日本で売られているもの、サービス、食が、世界的に見てとてつもなく割安だと知っていましたか？

世界標準の仕事のルール34

日本と世界のトレンドはやはり違う。バランス感覚を磨き、世界の中での自分の位置づけを知ろう

2020年に向けて、世界に日本をどう発信するべきか

2020年まであと2年。あと2年で東京オリンピックが開催されます。2年で世界はどう変わるのでしょうか？

今、身近にみなさんが使うスマートフォン。iPhoneの最初のモデルが発売されたのは2007年です。それ以来、世界中で20億人以上がスマートフォンを持つようになり、アプリを作れば、その20億の人たちにすぐに届けることができるという「可能性」が手に入りました。

この5年から10年でまさに世界は様変わりしました。目の前に広がる風景はさほど未来らしい景色にはなりませんでしたが、手元のデバイス、バーチャルの世界は、まさに変革の10年だったといえます。

これから日本は自国のことをどう世界に発信していったらいいのか。海外に飛び出したとき、何を持っていくのか。

日本のビッグトレンドは、日本だけのビッグトレンド

日々、日本で盛り上がっているニュース、広告、新商品、評判、新ガジェット。毎日さまざまなモノが流れてきます。それらのほぼすべては日本語のみで1億人の人々に伝搬していくトレンドです。そうしたものの99％は、海外にはほとんど届きません。

私はフェイスブック上に2000人程度のコネクションがあり、日々、日本からの日本語の情報に触れています。その一方で、シンガポールにいて、クアラルンプールにいて、ジャカルタにいて、アジアの各都市で現地に伝わる情報にも触れています。日本のみで伝搬する情報と、アジア全域で伝搬するが日本には伝搬しない情報のギャップを、日々目の当たりにしています。

日本で発生している大きなトレンドは、日本でしか発生していないことが極めて多い。日本で一大トレンドとなっているものの99％は、世界の誰も知らないことなのです。一方、アジアに伝わる大きなトレンドは、世界を巻き込んだトレンドであることが多い。

日本で当たり前だと思われることが世界では珍しく、世界で当たり前のことが日本では

見当たらない。まだそうしたものがあります。日本で大きなトレンドを感じるから、それを引っさげて世界に打って出る。しかし、飛び出した先の国では、誰も知らないようなことはよく起こります。

今、自分の目の前に広がっている景色は、日本の中だけなのか、世界共通の出来事なのか。そのバランス感覚を身につける必要があります。

世界標準の仕事のルール 35

「今、海外で日本といえば、日本食、デザイン性豊かな小売り業（服・雑貨）、そして漫画やアニメ。」

日本から世界に強烈に届いている3つのこと

海外にいて、アジアにいて、よく目にする日本。

それは、日本食、デザイン性豊かな小売り業、そして漫画やアニメ。この３つです。

ひとつめの「日本食」。

たとえばシンガポールでは、この10年で日本食レストランは4倍から5倍に増え、現在は８００店舗程度あります（シンガポールは東京23区と同じくらいの面積）。全レストランの１割以上がなんと日本食（系）レストランです。バンコクでも、クアラルンプールでも、ジャカルタでも、日本食ブームは凄まじいものがあります。

日々、日本から多くの飲食事業者が訪れ、会社を作り、新店舗をオープンさせています。空前の日本食ブームといっても過言ではありません。ここ2、3年では、日本式フランス料理レストラン、日本式イタリアンなども続々とオープンしています。

これはつまりどういうことか。フランスやイタリアに行ったことがある方は感じたことがあるかと思います。「日本のイタリアンって、本場より美味しくないか？」と。もちろん、本場にはたくさん美味しいイタリアンレストランはありますが、イタリアン、フレンチ、中華、アメリカ、ベトナムなどの日本人による各国料理のレストランのクオリティは実は極めて高い。

イタリア人が日本に観光に来て、一番美味しかったものは何かと聞かれ、「ピザがうまくて驚いた」という話はよく聞きます。

その流れで、日本風テイストのフレンチレストランなどさえも、アジアで続々とオープンしているのです。そしてそれに続いて、日本の農産物がこれから来ると思います。TPPもあり、日本の外を向いている農家の方も全国に数多くいます。この強烈なトレンドは今後もまだまだ続きます。

地方創生。訪日観光客を地元に呼び込む。さまざまな施策が打たれていますが、もっとも効果的な施策は、実は日本の中にはありません。**効果的なのは、世界で、地元の味が楽しめるレストランを展開することです。**美味しい料理を食べたら、それの本場の味を試したくなる。国内にとどまっていたのでは何も始まりません。もっとも重要で効果的な施策は、ターゲットの国で飲食業を始めることです。

2つめの「デザイン性豊かな小売り業」は、特に、**UNIQLO、無印良品、そしてDAISO**です。この3社のアジアにおける勢いは凄まじく、ショッピングモールができるたびに、すべてのモールにこの3社は入店しているほどの勢いがあります。

世界の人もこの3社の商品を愛しており、この拡大の傾向はまだまだ続くでしょう。ただ残念ながら、ここまで元気の良いプレーヤーが、他にも何社もいるかというと、そうではなく、限定した会社の話で終わっているのが現状です。

オーストラリアの友人は、自身の結婚式の引き出物をDAISOで買っていました。私は理由を尋ねました。せっかくの結婚式、こんな格安商品で良いのかと。彼は答えます。このクオリティの商品が100円で買える。その「驚き」を引き出物として友人たちにあげたいのだと。

シンガポールをはじめとする東南アジアのUNIQLOでは、ウルトラダウンジャケット、ヒートテックの下着が飛ぶように売れています。

アジアは常夏では？という声が聞こえてきそうですが、アジアの人たちはこぞって冬服を買っていきます。日本でなら、ヒートテックはキャンペーンで2枚990円などのときもありますが、アジアでは2倍から3倍の値段でも売れていきます。日本で3900円から4900円のウルトラダウンジャケットも、7000円などの価格帯で売れていきます。常夏であるからこそ、アジアの人たちは冬に憧れるのです。冬、つまり11月から2月には、冬を求めて日本に旅をする。いま、アジアの人たちにとって、一生に一度は行きたい夢の場所、それは北海道なのです。

エレベーターに乗り込むと、各階の案内表示に、UNIQLO、MUJIという単語が並んでいます。地元の人々からは、それを指さしながら、「まずはMUJIに行ってから、そのあとUNIQLOね」という会話をよく耳にします。

家電量販店に行けば、韓国製、中国製の影に追いやられている日本勢ですが、こと雑貨や服などの小売り業に関しては、異彩を放っています。

3つめは「漫画やアニメ」です。シンガポールをはじめとするアジア各国では、アニメの展示会が多く開催されます。そのうちのひとつAnime Festival Asiaは、シンガポールで8万人、アジア各国で5万人から10万人規模の集客力があります。

会場はコスプレをしたファンであふれかえっています。日本の漫画は、翌日（即日）に翻訳されたバージョンが店頭に並びます。宮﨑駿監督のファンも非常に多い。

元自衛官で、コスプレイベントプロデュース業をタイで始められた近藤秀和さんという方がおられますが、この方がバンコクで開くアニメのコスプレイベントは、常に数万人の集客力を誇ります。

以上、挙げた３つは非常に勢いがあります。

日本食は健康に良く美味しいというイメージが定着しています。ファンが毎年増えています。この勢いでどんどん海外出店してほしい。

日本には67万店舗のレストランがあります。海外展開しているのは、まだ１％にも満たないでしょう。まだまだ眠る資産が日本にはあります。２０１５年にミラノで開催された万博で、日本の食を求めて長蛇の列が日本館に作られたのは記憶に新しい出来事です。

デザイン性、機能性が優れた雑貨、服。これも世界が求めています。テレビも車も日本から世界一のプレーヤーが生まれましたが、リテールではまだ誕生していません。この勢いも２０２０年に向けてまだまだ拡大していくでしょう。

漫画とアニメの雑誌、コミックス、フィギュア、コスプレというリアルな形での勢いはとどまるところを知りません。この領域は日本が唯一無二の状態であり、ここは死守していくべきところです。

20年前ならば、日本のブランドといえば、SONY、Panasonic、TOYOTA、HONDA、東芝、NECなどでした。どの国に行っても、日本で知っている会社はと聞けば、こうしたブランドが出てきました。今はそこから様変わりしています。

今、「日本といえば何を思い浮かべるか」を世界で問いかけたら、次のような単語が出てくることでしょう。ラーメン、MUJI、名探偵コナン、UNIQLO、ナルト、DAISO。

第7章 だからこそ、海外に飛び出す

ここまでで、世界でこれから戦う敵を知り（第1章）、サバイバルする英語を身につけ（第2章）、どの人種の人がいようが、うまく立ちまわる新しいワークスタイル（第3章）を読者のみなさんは手に入れてきました。そして、ビジネスを進めていくにあたり必要になる交渉の流儀（第4章）と、起業もしくは新しくビジネスを始める前に知っておきたいこと（第5章）を通じて、実践するための武器をお伝えしてきました。日本人が自身について思うことと世界が見ていることにはギャップがあり、そこにはビジネスチャンスが眠っています（第6章）。

敵を知り、武器を手に入れ、チャンスの存在を知った。**だからこそ、今が海外に飛び出すときです。**先陣を切っている若者がいます。怖れることはありません。最終章が、読者のみなさんが海外へ飛び出す後押しになることを願っています。

世界標準の仕事のルール36

海外に飛び出している若者の比率は実は高まっている

日本の若者たちは「内向き」ではない

いろいろな議論が新聞、雑誌、テレビ、ネットでも取り上げられています。日本から海外に行く留学生の数は年々減ってきています。日本から海外に行く留学生の数は２００４年の８万２９４５人をピークに減少が続き、２０１５年統計によると５万人台にまで減っている模様です（ＯＥＣＤ発表データ）。留学生の絶対数とは別に、この20年の間に若者の人口は減少しているので、留学率はたいして変わっていないと思います。具体的に見ると、１９９５年の留学者数も５万人程度、さらに10年前の１９８５年ではなんとわずかに１万５０００人程度しかいません。

１９９５年の20歳人口と２０１５年の20歳人口は約2倍違います。１９９５年のほうが2倍多い。つまり、留学率で見た場合、２０１５年現在の若者は、40、50代の人たちの留学率より3倍以上高いということになります。

つまり、**メディアで最近の若者は内向きだと唱えている40、50代の方からすると、自分たちが若かった頃のほうが、よほど内向きだった**といえます。

それでもなお、韓国から海外に留学する人数が14万人、中国から海外に留学する人数が80万人を超えている状況と比較すると、日本人の海外留学は少ないといえます。

韓国の人口は5000万人で、日本の4割しかない。それにもかかわらず、留学する学生数は日本の2・5倍以上あることになります。つまり、**留学率でいうと、5倍以上日本より高いことになります。**

先ほどの日本のミドルを引き合いに出すなら、現在の韓国の若者は、日本の40、50代の人たちが20代だった頃にくらべ、10倍から20倍、血気盛んに海外に飛び出していっているといえます。この傾向は、韓国だけでなく、中国、インド、インドネシア、マレーシア、タイ、ベトナム、そしてシンガポールでも同じです。

いかに今のアジアの若者が世界に出ていき、世界で戦うことを目指して頑張っているかというのが透けて見えてきます。

世界標準の仕事のルール 37

悩みながらも、果敢に海外に飛び出し、人生を模索する若者が多くいる

突如会いにくる若者たち

シンガポールやクアラルンプールにいると、日本の若者や学生さんから突如連絡が来ます。また出張先のバンコク、香港、ジャカルタ、インド、またはヨーロッパでも私が出張しに行くと、突如連絡が来ます。

フェイスブックで「ブログを拝見しました！　来週シンガポールに行くのですが、会えないでしょうか！」というメッセージが送られてくるのです。

前節でも見たように、「最近の学生は内向き」ということがよく書かれていますが、私はまったくそんな印象を持ちません。丁寧なビジネスメールで送ってくる人もいれば、かなりフランクなメッセージで会えないかと打診してくる人までさまざまです。何かのつながりで、私の知人経由で依頼をしてくる人もいます。

こうした突然の連絡ですが、私はすべて「ぜひ会いましょう」と返します。

相手が誰であれ、無条件で会います。要件も聞きません。なぜ私に会いたいのかも聞きません。どうやって私を知ったのかも聞きません。何も聞かずに、「ＯＫです」と答えます。
こうした前触れのない、突然の出会いが生む面白さを私は知っています。そんなセレンディピティから生まれる新しい人生、新しいビジネスがあるのです。

また、こうやって突然連絡をくれる学生たち、若者たちですが、彼ら彼女らにとって、会ったことがない人に連絡をとるというのは、勇気がいることだと思うのです。返事が来なければどうしよう。会ってくれるだろうか、不安になりながら送信ボタンを押しているはずです。私はそんな小さな勇気には応えたい。
もし私と会って１時間、２時間、話をすることがきっかけで、その人の人生を変えることができるのなら、こんなにうれしいことはありません。

よくあるのは、世界中にいる日本人に会ってインタビューしているという学生です。ジャンルを問わず、各国で働いている人、または会社を起こした人に会いインタビューをして、その模様を記事としてサイトに公開する。大小さまざまなサイトが多数あります。

私も学生時代はバックパッカーで、さまざまな国を巡っていましたが、その土地にいる日本人に会いに行こうという発想にはなりませんでした。

ひと晩2000円（宿泊費込み）で過ごすという予算を組み、1週間、10日とさまざまな国を旅しました。一泊100円ほどの宿にも泊まったことがありますが、翌朝、体中が痒くなったのを覚えています。その当時は、とにかく劣悪な環境を目指し、そんな中でもやっていけるというサバイバル能力を研ぎ澄ますことに燃えていました。

最近、私が会う学生たちは、単なるバックパッカーでブラつくのではなく、こうして現地にいる日本人（現地人の場合もあると思います）に会い、その国を、その国でのビジネスを学ぼうとしている。素晴らしい行動力だと感じます。

私が学生の頃は、そんなことをしている人はめったにいなかった。留学者数は減っていますが、留学率は先に述べたとおり逆に増えているので、たまに新聞記事で「日本の若者は内向き」という内容に、いつも首をかしげます。

そんな行動力のある若者たちも、会ってみると悩み深いことがわかります。

将来の明確な夢はなく、何をしたらいいのかわからない。これからの変化の激しい「答えのない世界」で自分はやっていけるのだろうか。悲観的になっている若者によく会います。1年間で私が会うそうした若者は、30人から50人くらいでしょうか。

このままではいけない、という不安が、彼ら彼女らを海外へと飛ばしたのです。

しかし、飛んできたものの、広い世界を知って、さらに悩みを深めている場合も多々あります。

会う学生から受ける質問で、共通するものがいくつかあります。

「学生時代に何をしたらいいですか？」

彼ら彼女らはいつも答えを求めます。

問題が出され、回答をする。そして、○か×か、または△かと採点される中で生きてきました。しかし、社会に出るにあたり、世界に出るにあたり、どの参考書の問題を解けば良いのか？　これからの世界は厳しそうだ。しかし、解くべき問題が目の前にない。

これが彼ら彼女らを不安にさせている要因です。

社会に出たら、巻末に答えが載っている参考書の問題を解くような出来事には巡り合いません。答えなどないのです。良い解答を作ろうとするのではなく、自らやることをより良くする以外にはないのです。

「グローバルで通用する人材になるためには何をしたらいいですか?」

そう言う学生が来たら、よくシンガポールのホーカーに連れていきます。ホーカーとは屋台村のようなところに路面店が並ぶ場所です。シンガポールのレストランは高いですが、ホーカーはリーズナブルです。ランチだと1人400円もあれば十分です。

夜になるとそうしたホーカーは宴会場と化します。多国籍な国家のシンガポールのホーカーにはシンガポール人以外に中国、オーストラリア、インドネシア、マレーシア、タイ、ベトナム、日本、韓国と、軽く10カ国か20カ国の人たちがあふれかえっています。

特にラッフルズ・プレイスというビジネス中心街にあるホーカー、ラオパサは多国籍な雰囲気が強く、夜になればまわりのグローバル企業で働くさまざまな人たちの人種の坩堝《るつぼ》となり、皆が今日のビジネスの成果や反省などを熱く語り合っています。

そんな熱い、多国籍な雰囲気が私は好きで、悩み多き若者をそういう場所に連れて行きます。そんな場所で若者は聞いてきます。

「グローバルで通用する人材になるためには何をしたらいいですか？」

海外に来て、こういうホーカーのような場所で、まわりを見渡せば今日の仕事の達成感にあふれた多国籍なビジネスマンが所狭しと談笑している。

そうした楽しげな雰囲気は逆に不安をかき立てるのかもしれません。

そんなとき、私はだいたいこう答えます。

「グローバルで通用するには、タフじゃなきゃだめだ。根性がいる。よし、今この場（満席のホーカー）で、腕立て伏せを50回やるんだ。その根性があれば、グローバルで通用する」

結果、どうなるか？　誰もしません。いや、ごくたまにする若者もいますが、基本的に誰もしません。それが重要なのです。

しない。そう判断したのは誰か。自分自身です。自分自身が、それを今することで「グローバルで通用する人材」に近づくことにはならない――そう判断したわけです。

世の中には、20代のうちにやっておけば良い8つのこと、などといった話がたくさんあります。8つでなく、3つでも、10個でも、50個でも、いくつでもいいでしょう。そういう話がたくさんあります。

では、そこで示されたことを本当に実践するのでしょうか？　言われたことすべてを。ほとんどの人はしないのではないでしょうか。

実践しない答えなど聞く必要はない。内なる自分から湧き出てくること、それをすれば良いと思います。自らは未熟だと思う。だから何をすれば良いかを聞く。しかし、聞いたことの中で、未熟な自分がそれはしても意味がないと判断し、しない。若者のほとんどは自己矛盾です。

内なる自分から湧き出たこと、自分がこれだと思うことをすればいいのです。

間違っていてもいいのです。しかし、問題は湧き出てくるかどうか。そこが問題です。

世界標準の仕事のルール38

海外で起業し、挑戦している日本人はこんなにもいる

世界で、アジアで挑戦する若者たち　～シンガポール

シンガポールでモバイルマーケティングサービスを展開しているReginaaを起業した大畠佑紀さん。彼女は高校時代、体操でアジア大会3位入賞をはたしたスポーツ少女だったのですが、現在シンガポールで奮闘しています。

彼女がシンガポールで起業したきっかけはかなり大胆なものです。前職時代にモバイルビジネスについてのイベントをシンガポールのマリーナベイサンズでプロデュースしたことがあったのですが、そのイベントが大盛況でアジアの勢いを感じ、やはりこれからはアジアだと一大決心。イベントが終了して1カ月後には単身シンガポールに移住。そして起業したのです。今では、J passportという日本食飲食店向けのモバイルクーポンサービスを展開しています。ほとんどすべての日系飲食店が活用するまでに成長してきています。

秋間信人さんという、元証券マンでシンガポールで起業した男性がいます。私も個人的に親しく、よく飲みに行きます。元証券マンがシンガポールで起業したビジネス。それは、BBQのケータリングでした。なぜ証券マンがBBQ？　なぜケータリング？

シンガポールは年中夏です。日本ならBBQは8月だけ。ということはシンガポールは日本の12倍のビジネスチャンスがある。また彼は金融ではなく、人と人とが出会うBBQを演出したいという思いからそのビジネスを始めたのです。

シンガポールに住んだことも、シンガポールで働いたこともないなかで、シンガポールでいきなり始めたのです。現在はその事業をバイアウトしていったん東京に戻り、ベンチャーキャピタルで働いています。また、次の起業に向けて動き出しています。

世界で、アジアで挑戦する若者たち　～バングラデシュ

6年ほど前、コンサルタント時代に元気な酒匂さんという女子学生に出会いました。何か新しいビジネスをしたい。面白いサービスを立ち上げたい。あふれ出る思いのままに、即座に行動を起こす方でした。当時、私はBOPプロジェクトを推進しており、彼女もそれに興味を持ったのが出会ったきっかけでした。そして、6年ぶりにシンガポールで彼女と再会したのです。その間まったく連絡は取り合っていなかったのですが、突如フェイスブックで会いたいという連絡をいただいたのがきっかけでした。

彼女は大学院を卒業後、ＢＯＰ関連のビジネスを立ち上げるために、まず香港に飛んだそうです。そこで、貿易関連のビジネスを起業し、ＢＯＰビジネスを推進するための資金を貯めた。ようやくそれに目処がつき、次はバングラデシュに移住すると言います。そこで、花を栽培し、オイルを生産するＢＯＰビジネスに取り組むそうです。女性の社会参画、貧困の解決、持続可能なビジネス。

20代の日本の女性が単身バングラデシュでそんな起業をするのです。

世界で、アジアで挑戦する若者たち　～香港

香港では古川さんという男性が単身起業しています。広東語もままならないなか、香港でいきなり起業です。しかも、一度挫折を経験しながら、現在は2回目の起業。

彼は、日本の良きものを世界に展開するビジネスプロデューサーとして奮闘しています。香港に拠点を持てば、中国への需要にも対応可能となる。現在、中国や香港からの訪日観光客が爆買で世間を騒がせていますが、彼らは自国にいながらも、爆買しているのです。日本のＥＣサイトに香港からアクセスし、日本のものを購入し、自宅に国際郵便。そんな

消費者が多く現れているのです。

今はサントリーの山崎が、イギリスの専門誌「ワールド・ウイスキー・バイブル」が選ぶ世界最高のウイスキーとなったことがきっかけで、香港では空前の日本ウイスキーブーム。古川さんはそんなトレンドをキャッチするや否や、山崎を筆頭とする日本のウイスキーを香港へ展開するビジネスを矢継ぎ早に立ち上げる。そんなサバイバルをしているのです。

世界で、アジアで挑戦する若者たち　~インドネシア

インドネシアのバリ島には、15年そこでサバイバルしている男性がいます。斎藤さんというその男性はサーファーとして、オーストラリア、ハワイと波を求めて移り住み、最後にバリにたどり着きました。バリは人口4000万人ほどの島ですが、毎年、中国、日本、ヨーロッパから1000万人を超す観光客が来る国際島でもあります。そこでシーフードレストラン、アパレルショップ、最近では日本の良質な豚肉をこの島からアジアに広めるべく養豚場の立ち上げに向け動き出しています。

世界で、アジアで挑戦する若者たち　～インド

インドの南都市チェンナイには、日本の食をインドに広げるべく２０１３年末にその地で起業した本多晴比古さんという男性がいます。

40歳を超えたばかりの彼の半生はまさに波乱万丈。中学卒業後、高校は通ったものの、馴染めず中退。その後さまざまなバイトに明け暮れ、友人にすすめられるままに19歳のときに初めて海外に足を踏み入れました。それがインド。

20代はバックパッカーとクラブ通いに明け暮れ、営業、カスタマーサポート、デザイナー、雑誌等の装丁、ライターなど10を超える職種を渡り歩き、30歳手前にはカナダのトロントに留学、日本へ帰国後は一転、船舶関連の仕事でドバイに移住しました。

そして今、ドバイ時代に築き上げたインド人ネットワークをフルに活用し、広大な12億のインド人に向け日本の食を届けるサプライヤーを起業しサバイバルしています。

☆

世界中いくらでも挙げることができます。ミャンマーにも、フランスにもスイスにも、もちろんアメリカにもいます。アフリカのウガンダやタンザニアにもいます。私が起業した当初掲げていた目標は、そんな海外で戦う日本人を１００万人生み出したいというものでした。１００万人、かなり大風呂敷な数字です。

現在、海外在留邦人は１１０万人程度です。**日本の人口の実に１％が海外に住んでいます。**１００人に１人です。そう聞くと意外に多い気もします。

一方、世界には華僑と呼ばれる人たちがいます。数世紀にわたって中国から世界各国に移住した人々です。故に、どの街にもチャイナタウンがあります。その華僑は全世界に７０００万人いるといわれています。中国本土に14億人いるうえに、さらに７０００万人が世界中に散らばっているのです。彼らが中国企業の世界展開に一役買っているのは言うまでもありません。

中国と日本は人口で12倍違います。そして、海外にいる人口では70倍も違うのです。日本が１００万人増やすだけでは実は足りないのです。それでも、１人でも多ければ多いほど良い。それに向かって、私は日々動いています。

海外で起業した人間全員が、毎年4人新たに海外起業家を生み出せば、10年で100万人を超えるのです（4の10乗は約105万）。3カ月に1人です。不可能な数字ではありません。これ以上、世界で戦う際に不利な状況をつくりだしてはいけない。海外で戦う若者をもっと増やす必要があるのです。

世界標準の仕事のルール 39

「Japan, great」インドの無電化村にさえ、そう思ってくれている人がいる

なぜ「海外」か？

「何が小林さんをそうさせるんですか？」

よく聞かれます。なぜ、そこまで「海外で事業を起こす」ことにこだわっているのかと。

きっかけはいくつかあります。

17歳の夏、初めて海外に行きました。行き先はドイツでした。その時、叔父がドイツの大学で研究者として働いていました。それを見て、純粋に格好良い、そう思ったのが最初のきっかけです。

また、その当時（1992年）、車でドイツ、スイス、オーストリアを2週間ほど旅したのですが、どこに行ってもTOYOTAが走っていた。SONYを見た。キヤノンのカメラをどの国の観光客も首からぶら下げていた。

まだ新聞など読んでない、ビジネスのことなど何も知らない高校生でした。海外で戦いたい。そのときは「Thank you」しか言えずに挫折した私は、強くそう思ったのでした。

それから17年後の２００９年。私はＢＯＰ関連のプロジェクトを推進していました。そのプロジェクトを推進する中で、私はインドの無電化村を何度か訪れていました。ＮＰＯ法人ガイア・イニシアティブのプロジェクトで、無電化村にソーラーランタンをレンタル販売するビジネスを展開するためです。

ソーラーランタンは、昼間は充電ステーションで充電します。電力は太陽。太陽光発電を活用します。夕方になり夜が近づくにつれ、そのステーションに村人が集まってきます。ランタンのレンタルビジネスです。１日かけて充電されたランタンは、翌朝まで光が保ちます。毎日夕方になるとステーションは子どもたちであふれかえります。毎晩お使いでランタンを借りにやってくるのです。

そのランタンのおかげで、夜でも料理が作れるようになりました。子どもたちは夜に勉強ができるようになるのです。

さて、そのソーラーランタンの一晩のレンタル料金はいくらでしょうか？

答えは約６円ほどです。

この無電化村の平均年収は20万円ほど。もし毎晩レンタルしたら、レンタル費用は、180円となります。年収が20万円で電気代が月に180円。相対的に考えると、年収が1000万円の人が月に9000円の電気代を払っている計算となります。

そう考えると、ひと晩6円のレンタル料金は絶妙な値段設定だといえます。

なぜ無料で提供しないのか？　無料で提供した場合、村の人たちはそのランタンをぞんざいに扱ってしまうのです。無料だからいいか、という心理がはたらいてしまうのです。

逆に有料の場合は、お金を出して借りているという心理がはたらき、ランタンを丁寧に扱うのです。返すときに「壊れている」と言われたら弁償する可能性が出てくると思うのでしょう。有料ならば、レンタル費用で収益が出たお金で充電ステーションを運営すれば、持続可能なモデルを組むことができるのです。

ランタンを配った翌朝、村を歩いていると、昨晩ランタンをお使いとして借りに来た子どもたちが話しかけてきます。その相手をしながら、村を散歩していると、道端で座り込む1人の老人が私を呼び止めました。

「Hi, thank you, thank you, you... Japan? Japan? Japan great, hmm, Japan, great!」

手のひらの小さな黒いものをこちらに掲げて見せながら、こんなことを言ってきます。

こんなにうれしい瞬間はありませんでした。こんなインドの山奥の、無電化村の、英語がきちんとしゃべれるわけではない老人の中に、日本は凄い、という気持ちがあることを知って感動しました。凄いのは私ではない。私は老人の目を直視することが恥ずかしくなりました。

ただ、掲げて見せていた手のひらの中に入っていたのは、ＮＯＫＩＡのケータイでした。

インド人のビジネスマンはほぼ１００％近く英語を操りますが、田舎の無電化村だと英語を話せない人も多い。その限られた語彙の英語で、老人は一言私に伝えたのです。

Japan, great

「それなのに、俺たちはいったい何をやってるんだ」

私は心の中でそう叫びました。

世界中を旅しても、どの国にもＳＯＮＹショップがあり、ＴＯＹＯＴＡが走り、アフリカのすべての国にＹＡＭＡＨＡのバイクディーラーがあります。身近に手に触れる製品の中には、東レや帝人などが製造した素材が使われています。高層ビル、トンネル、橋。世界中で日々生まれる新しい街はコマツの建機がなければ誕生しません。

世界を席巻した最後の日本の会社はどこなのだろうか？

私が知る限り、１９９０年以降新たに世界を席巻しえた日本の会社は存在しません。最有力はＵＮＩＱＬＯを展開するファーストリテイリングでしょうか。しかし２０１５年8月決算期で海外売上は６０００億円を超えたところです。ＴＯＹＯＴＡ、ＳＯＮＹ、コマツの海外売上の10分の1程度にようやく到達したばかりなのです。現在急速に拡大中であり、早晩世界の誰もが知るブランドになるかもしれませんが。

私は世界を席巻する新たなブランドを作りたい。自分が好きなＩＴやスマホの分野でそれが成し遂げられれば最高です。今のところその麓でのたうちまわっているスタートアップの1社にすぎませんが、**これが私が海外にこだわる理由です。**

ＳＯＮＹ創業者の盛田昭夫さんがかつて言いました。アメリカに進出し、そこでどうにかＳＯＮＹブランドの浸透を図っている時代のことです。

「その国にほんとうに浸透させようと思ったら、そら何百回と通わなあきません」

事実、盛田さんはアメリカに400回以上出張で赴いたといいます。私などはまだ、たかだか200回の海外出張と100万マイルを移動したにすぎません。

しかし、私が頻繁に出張でさまざまなところに足を運ぶのは、この盛田さんの400回という話を知ってからです。「チャットで仕事を頼めるようにならねばならない」と本書で書きましたが、現地に、現場に足を運ぶことはやはり重要です。

夢の実現に向けて、自らも海外でスタートアップを立ち上げ、現地でサービス展開するのと同時に、1社でも多く、1人でも多く、全世界に打って出る企業や若者をこれからも支援し続けたいと思い、動いています。

21世紀の脱藩 〜あとがきに代えて

シンガポールでモバイルマーケティングを起業。バングラデシュで花をベースにしたオイルを生産。ウガンダで教育サービス。インドネシアで日本語学校を立ち上げ。マレーシアで子ども向けプレイグラウンドを設立。南フランスでフランス料理屋を開業。タイで決済サービスをリリース。ベトナムでピザ屋を立ち上げ。フィリピンで広告アプリをリリース。シンガポールでBBQケータリングサービスを提供。香港で日本のウィスキー代理店を開始。シンガポールで母親向け写真共有アプリの開発。ヨーロッパを股にかけ映画のプロデュース。オランダで建築事務所の設立。

すべて日本の若者たちが、その土地で起業した話です。これはほんの一例です。その国になんの足がかりもない中で、いきなり飛び込み、起業。

日本で起業して、成功してからの海外展開ではありません。海外でいきなりゼロからの出発です。潤沢な資金があったわけでもない。ごく普通の日本人の若者たちです。世界中の国に、その国で起業している日本の若者がいるのです。

10人、20人の話ではありません。数百人もの若者が世界中で戦っています。

そんなリスクをとっている若者が多数いるのです。卒業した大学は千差万別。出身地も日本全国津々浦々。シェアルームで、現地で共に戦う他国から来た起業家たちと生活しながら、彼ら彼女らは突っ走っているのです。

彼らの多くは、日本で超一流といわれる大手企業で働いたことがある若者たちです。売上数兆円の電気系メーカーにいた、世界中に拠点があるコンサルティング・ファーム卒、ウェブビジネスで急拡大したスタートアップで数年働いたあとに独立、証券会社の営業職からの転進。キャリアもさまざまです。

一方、日本を見渡したとき、政府も重い腰を上げ、さまざまな施策を打ち出しています。グローバル社会で勝ち抜く会社作り、人作り。海外展開を主軸テーマとした助成金が何十と作られ、スタートアップ向けに創業補助金も公募されています。大学のグローバル化も急いでいます。グローバル人材育成をうたう研修プログラムも多数存在します。

しかし、すでに海外にいきなり打って出て、その国の地場に食い込み、名を上げようと飛んだ若者が多数いるのです。

この数百人はこれからの日本の宝となるはずです。

彼らがリスクをとり、各国の地場に食い込み作り上げたネットワークと知恵は、有形無形の資産となり、後続の日本の企業や若者にとって代えがたい財産となるでしょう。にもかかわらず、彼らをサポートする仕組みを日本は持っていないのです。

国が提供する海外展開や創業にかんする補助金や助成金は、あくまで日本法人に向けたものであり、これから海外へ打って出ようとしている企業を対象としたものなのです。いきなり海外に打って出て、その国で事業を立ち上げ、先行している彼ら彼女らの会社は、日本政府から見た場合、「外資系」となるのです。

外資系企業は日本政府のそうした補助金・助成金を活用できません。主題が海外展開であっても、それらの予算が流れていくのは、「これから」海外に打って出ようとしている、リスクをまだとっていない人たちなのです。すでに海外に出張って行ったリスクテイカーたちの事業を促進する施策は、ひとつもありません。

今の日本にとって必要なことは何か？

世界中の国で地場に溶け込み、日本の企業、日本の若者のグローバル化を推進してくれるような日本人を、世界中に増やすことです。それが日本のグローバル化につながり、国際社会における日本の地位向上の一翼を担うはずです。

そうであるなら、すでに海外に何の後ろ盾もなく飛び込んだ彼らをこそ有効活用することが、日本にとって必要となるはずです。

なぜ、彼ら彼女らは、いきなり海外に飛び込み起業したのでしょうか？

なぜ、彼ら彼女らは、安泰のサラリーマン生活に別れを告げ、起業の道を選んだのでしょうか？

しかもなぜ、日本での起業ではなく、さらなるイバラの道である海外での起業を選んだのでしょうか？

それは、危機感です。

このままではいけない。

彼らの多くは20代、30代。物心ついたときにはバブルは弾け、停滞する日本が始まっていました。彼ら彼女らは停滞している日本しか見てきていないのです。アメリカから続々と生まれるイノベーション。中国とインドの台頭。アジアなど新興国の急成長。外から迫りくる脅威が彼ら彼女らを突き動かし、日本ではなく海外で起業するという道を選ばせたのです。

これは幕末の時代の脱藩に近いのかもしれません。

脱藩した志士たちは藩の後ろ盾をなくし、俸禄（給与）も失いました。それでもなお日本の未来のために突き進みました。ある者は外敵を打ち倒す尊皇攘夷を掲げて、ある者は開国によるデモクラシーの発展を追い求めて。今となっては後者が正しい。そう言えるのかもしれませんが、その当時、うちなる熱い思いから動いていた若い志士たちにとって、自分たちの信じる道こそが正義だったのです。

いきなり海外に打って出ている彼ら彼女らは、融資の獲得もままなりません。たとえ利益が出ていようとも、厳しい条件が待っています。その国で不動産を持たなければ融資枠が設定されないという国がほとんどです。

スタンドバイ・クレジットという制度があります。海外での資金調達の際に、日本政策金融公庫が信用状を発行する仕組みです。そうすることで、優遇金利を得ることができるようになります。

これは日本企業の海外展開を促進するためにある制度ですが、あくまで日本企業かその海外子会社が融資先の場合に限ります。海外でいきなり起業した彼ら彼女らの「外資系企業は、活用できません。脱藩した若者たちに与える信用状はないのです。

では、進出した現地の国で活用できるスキームはないか。たとえばアジアの中では起業にもっとも向いているといわれるシンガポールではどうなっているでしょうか?

創業間もないスタートアップを助成するスキームが数多くあります。なんと前払いの補助金(つまり資金をもらえる)で5万ドル(約450万円)という魅力的なものもあります。

日本の助成金の場合、支出が先、その後レシートと共に申請してから、助成金として返金されるかどうかの審査があります。支出してから助成金として還付されるまで、1年から1年半ということが普通に起こります。

それにくらべれば、スタートアップを促進するスキームがシンガポールには数多くあります。しかしながら、そのほぼすべてが株主の20％以上がシンガポール人（またはシンガポール永住権保有者）でなければ、使えないのです。つまり、ここにおいても脱藩組の彼ら彼女らが活用できるスキームは存在しないのです。


支援策頼りではなく、圧倒的に事業を成功させ利益を出せばいいだけ。


まさにそのとおりです。

あとは、彼ら彼女らが結果を出すだけです。ただ、これから海外展開を検討する企業や若者を盛り立てるよりも、すでに出張って行っているそうした若者の挑戦を促進することのほうが、日本企業全体の海外展開を推し進めるためにははるかに有効だという確信が私にはあります。

彼ら彼女らの事業が世界各国で大きくなれば、それを活用した日本企業の海外展開ははるかに円滑に進むはずです。私は出張で各国を訪れるたびに、現地で起業している若者たちに会います。その国で何が成功し、何が失敗するか。その国の本当の姿とは何か。

私にとって彼らはその国についての生き字引です。

私のライフテーマ「海外に打って出る」はそんな彼らの挑戦によって支えられています。感謝の言葉しか出てきません。


彼ら彼女らと再会して盛り上がる話題はいつも決まっています。それは、お互いの修羅場自慢です。どちらがより危機を体験したか。危機などないに越したことはないのですが、極限の危機を乗り越えてきた彼らの挑戦がうらやましく映ります。


さらに、再会のたびにいつも彼ら彼女らからもらうものがひとつあります。

勇気です。

私自身、海外で起業して5年。まだまだ転げまわりながらどうにか生き延びている。そんな状況にすぎません。

海外でいきなり起業している若者たちを支援したいという強い思いはありつつも、資金的なパワーをまだ持っていません。今、進めている事業を拡大させ、海外起業に挑戦するこうした若者へのファンディングに特化したファンドの設立も視野に入れて動いている最中です。

なぜなら、彼らを支えることこそが、日本の未来につながるという確信があるからです。

海外には日本で上場し成功したあと、移住してきた資産家もいます。その中には、エンジェル投資家として、海外に打って出ている若者たちを支援している方もいます。さしずめ21世紀の勝海舟のような存在といえるでしょう。私もそれに続くべく日々戦っています。

私は、世界100都市を駆け巡ってきました。世界中を飛びまわった距離は100万マイルを超えました。これは月と地球の間を2往復する距離に相当します。

海外とは無縁の、大阪の田舎街で育った平均的な日本人が、海外でどう生き抜いてきたか。その体験を綴ってきました。この「答えのない世界」をどう生き抜いていけば良いのか。多くの人に支えられながら、どうにかここまで来ました。

すでに海外に飛び出し起業し奮闘している多くの若者がいます。彼らは小さな島国に飽き足らず、世界を目指して動いています。慣れない言語と文化に翻弄されながらも、どうにか坂を駆け上がっているのです。

私たちの先人たちは戦後焼け野原から、復興をひたむきに願い、寝ずの踏ん張りによって世界に冠たるメイド・イン・ジャパンを創り上げてくれました。それから30年、先人たちが創り上げたものを少しずつ食いつぶしながら、生きながらえているのが今の日本です。

食べ尽くす前に動かねばならない。

もう一度世界のあらゆる国に、日本を届けねばならない。

地平線のはるか向こうに、昇る太陽があるのなら、それのみを見つめて駆けていくだろう。そんな若者が世界にはいるのです。

まだまだ語り尽くしていない体験が数多くあります。本書が、彼ら彼女らと体験を共にする若者を1人でも多く生み出せることを願います。

読者のみなさんに、明日の一歩を踏み出す勇気を与えることができていればと願いつつ。

2018年3月　クアラルンプールから東京に向かう機内にて

世界標準の仕事のルール40

もっと早く彼らに、彼女らに出会いたかった

ディスカヴァー携書 199

世界標準の仕事のルール
海外に飛び出す前に知っておきたかったこと

発行日　2018年4月15日　第1刷

Author　小林慎和

Book Designer　秦浩司（hatagram）

Publication　株式会社ディスカヴァー・トゥエンティワン
〒102-0093　東京都千代田区平河町2-16-1 平河町森タワー11F
TEL　03-3237-8321（代表）
FAX　03-3237-8323
http://www.d21.co.jp

Publisher & Editor　干場弓子
Editor　林秀樹　千葉正幸

Marketing Group
Staff　小田孝文　井筒浩　千葉潤子　飯田智樹　佐藤昌幸　谷口奈緒美
古矢薫　蛯原昇　安永智洋　鍋田匠伴　榊原僚　佐竹祐哉　廣内悠理
梅本翔太　田中姫菜　橋本莉奈　川島理　庄司知世　谷中卓
小木曽礼丈　越野志絵良　佐々木玲奈　高橋雛乃

Productive Group
Staff　藤田浩芳　原典宏　三谷祐一　大山聡子　大竹朝子　堀部直人
林拓馬　塔下太朗　松石悠　木下智尋　渡辺基志

E-Business Group
Staff　松原史与志　中澤泰宏　西川なつか　伊東佑真　牧野類

Global & Public Relations Group
Staff　郭迪　田中亜紀　杉田彰子　倉田華　李瑋玲　連苑如

Operating & Accounting Group
Staff　山中麻吏　小関勝則　奥田千晶　小田木もも　池田望　福永友紀

Assistant Staff　俵敬子　町田加奈子　丸山香織　小林里美　井澤徳子　藤井多穂子
藤井かおり　葛目美枝子　伊藤香　常徳すみ　鈴木洋子　内山典子
石橋佐知子　伊藤由美　小川弘代　畑野衣見　森祐斗

Proofreader & DTP　株式会社T&K

Printing　中央精版印刷株式会社

ISBN978-4-7993-2260-4　携書ロゴ：長坂勇司